中国人民大学书报资料中心重要转载来源

CHINA TOURISM REVIEW 2020. NO. 1

# 中国旅游评论：

## 2020第一辑

中国旅游研究院 主编

中国旅游出版社

**责任编辑：** 刘志龙
**责任印制：** 闫立中
**封面设计：** 中文天地

---

**图书在版编目（CIP）数据**

中国旅游评论. 2020. 第一辑 / 中国旅游研究院主编. -- 北京 : 中国旅游出版社, 2020.3
ISBN 978-7-5032-6474-0

Ⅰ. ①中… Ⅱ. ①中… Ⅲ. ①旅游业发展－中国－文集 Ⅳ. ①F592.3-53

中国版本图书馆CIP数据核字(2020)第061756号

---

**书　　名：** 中国旅游评论：2020 第一辑

---

**作　　者：** 中国旅游研究院主编
**出版发行：** 中国旅游出版社
（北京建国门内大街甲 9 号　邮编：100005）
http://www.cttp.net.cn　E-mail:cttp@mct.gov.cn
营销中心电话：010-85166536
**排　　版：** 北京旅教文化传播有限公司
**经　　销：** 全国各地新华书店
**印　　刷：** 北京盛华达印刷科技有限公司
**版　　次：** 2020 年 3 月第 1 版　2020 年 3 月第 1 次印刷
**开　　本：** 787 毫米 ×1092 毫米　1/16
**印　　张：** 9
**字　　数：** 181 千
**定　　价：** 45.00 元
**I S B N**　978-7-5032-6474-0

---

# 目　录

## 旅游产业



## 旅游治理

# 景区是生活的温暖，更是向上的力量

戴　斌[①]
（中国旅游研究院，北京 100005）

## 一、国民大众已经走出了压倒性的悲伤和蔓延式的恐慌

今天，我们聊聊生活。上个周末，忙中偷闲看了看青少年的网络世界，哎哟不得了！因为某流量明星的饭圈对一篇《下坠》同人文字的抵制，因为远在天边的 AO3 的网站被“墙”了，说相声的、盗墓的、打游戏的、搞 CP 的、宅在家里腐的等，平时“圈地自萌”，与主流文化老死不相往来的这圈那圈，居然驾着“老福特”，舞着“剑 3”来了个“227 大团结”。一边刷着网络资料，一边请教咱娃，顿生李云龙亮剑县城，调动敌友我各方力量把晋中搅成一锅粥的画面感。看得我酣畅淋漓，并无比怀念那些年轻人工作之余在网上碎碎念的八卦时光，因为这就是生活啊！对于绝大多数人来说，可不就是柴米油盐、结婚生子、明星八卦什么的，哪能时时刻刻都讨论国际政治和宇宙起源，逮谁就和谁杠港澳台游客算不算入境人次呢？姚军会长这么大的企业家，我俩在罗马起飞的航班上，一路红酒喝到北京，聊的还不是兄弟情和江湖事嘛。所以“227 大团结”这件事，在旅游抗疫进入防控型复工的新阶段，我看是有象征意义的：国民大众已经走出了压倒性的悲伤和蔓延式的恐慌，开始更加严格防控疫情的同时，也有序参与复工复业并乐观如昨地面对生活。

## 二、今天的局面来之不易

今天的局面来之不易。今年春节以来，中央先后六次召开政治局常委会议专题研究和部署疫情防控工作，最高领导人做出一系列指示批示、多次考察视察和发表重要讲话。3 月 4 日，中央做出了对最新形势的研判，“已初步呈现疫情防控形势持续向好、生产生活秩序加快恢复的态势”，对复工复产做出了系统部署：员工尽快返岗复工、发挥企业家作用、统一市场整体配套、培育壮大新型消费和升级消费、回补实物消费和服务消费、加快推进重大工程和基础建设、加大公共卫生和应急物资保障领域投入、加快 5G 网络和数据中心等新型基础设施建设进度、调动民间投资积极性、做好龙头企业复工复产保障工作、维护全球供应链稳定、扩大开放和稳就业。中央的战略部署为旅游战线转入“防控型复工”新阶段，推动旅游业高质量发展，完成全年文化和旅游系统工作目标坚定了信心，明确了任务。

---

① 作者系中国旅游研究院院长，本文为其在2020年3月6日中国旅游研究院、中国旅游景区协会、中国游艺机游乐园协会联合主办的“旅游景区振兴合作机制第一次线上研讨会”上的发言。选入本书时仅做编辑处理。

今天的局面来之不易。春节以来，文化和旅游部坚决贯彻“把人民的生命安全和身体健康放在第一位”的指示精神，勇于担当，敢于作为，及时将工作重心调整为“停组团、关景区、严防疫情经由旅游活动传播扩散”。随着疫情的发展，密切关注旅行社、旅游景区、酒店、民宿等旅游企业和导游等一线员工的困难，多次开会研究、部署和协调旅游企业帮扶政策，指导企业科学有序地复工复产，要求各级文化和旅游部门、各类旅游行业协会积极行动起来，承担共同而有区别的责任，并积极谋划疫后市场重启和产业振兴工作。上海启动了以“信心、安心、称心、暖心、欢心”为主题的市场振兴计划，陕西印发了“先室外、后室内，先自然山水、后历史人文，先近程周边、后远程出境，先小众精品、后大众产业”的《旅游业恢复发展预案》，哈尔滨市先期启动了市场调研和企业对接工作。由于文化和旅游系统的努力，赢得了游客认可，托住了行业底线。

今天的局面来之不易。中国旅游景区协会和中国游艺机游乐园协会等行业组织，团结和带领全行业贯彻中央战略部署，落实文化和旅游部门工作要求，付出很多，贡献很大。从春节到现在，协会收集了大量的一线数据，撰写了若干调研报告，加强了与政府的政策沟通和行业的技术指导等，在稳定行业信心、推进有序复工、推动旅游景区高质量发展方面做了大量卓有成效的工作。今天召开的旅游振兴合作机制首次线上会议，更是体现了新时代行业组织的专业、高效和行业影响力。

鲁迅先生说过：“我们自古以来就有埋头苦干的人，有拼命硬干的人，有为民请命的人，有舍身求法的人。这就是中国的脊梁。”中国人总是被这些称作脊梁的勇敢者保护得最好。过去经历的和将要实现的事情都会证实，每一个人的付出和努力都有回报。时代在见证，历史会记录：父老兄弟在如此重大的疫情面前还可以聊生活，等疫情过后还要尽享美丽中国旅游梦，还要在这颗蓝色的星球上自由而有尊严地行走。

## 三、未来的景区应当是什么样的

未来的景区应当是安全的、健康的和生态的。旅游抗疫转向防控型复工新阶段以来，蔓延性恐慌已经散去，产业基本面得到了稳固，旅游景区正在以崭新的姿态重新回到国民大众的日常生活空间。总体而言，与轻资产、低负债的旅行社，重资产、高负债的酒店和民宿相比，重资产、轻负债的景区、主题公园和游乐园虽然也受疫情影响较重，协会的报告预计有数千亿元的损失，但是绝大多数旅游景区不至于破产倒闭。这是因为自然和人文类景区、大型主题公园主要利用国有资源和自有资本开展经营，商业模式相对简单。总体来看，土地还在，人还在，只是少收了一季粮食和蔬菜，没什么大不了！“二战”期间，空袭之后的伦敦，有市民在图书馆的废墟上安静地阅读，有歌手在防空洞里唱歌。现在我们需要这样的空间、画面和声音，重归百姓生活的日常。淡定从容，是日常的温暖，也是向上的力量。人民对美好生活的向往，过去是、现在是，将来永远都是旅游景区存在的基础和奋斗的目标。需要指出的是，全国范围内的疫情还没有结束，输入性风险还在加剧，景区刚刚转入防控型复工的新阶段，安全和健康还是第一位的。刚才中国旅游景区协会发布了《旅游景区复工指引》，很及时，也很有针对性和可操作性，对旅游景区、主题公园、游乐场，以及其他文博机构和室内休闲空间都有指导作用。希望有关企事业单位的领导者和全体员工切实重视起来，用好这些技术标准和操作流程，保障游客的身心健康。

未来的景区应当，也必须让游客感到生活的温暖和服务的品质。随着旅游市场的下沉和旅游消费的升级，游客对景区的诉求不再仅仅是美丽的风景，还有景观之上的美好生活，以及生活之中温暖的记忆和美好的感受。大众旅游发展的初级阶段，景区重点满足了国民旅游消费“有没有”的需求，才有“人山人海吃红利，圈山圈水收门票”这一特定历史阶段的发展模式。随着城镇化的快速扩张和高速交通网络的发展，过去感觉距离遥远的景区已经成了城乡居民的日常休闲场所，面向本地居民的主题公园、游乐场、历史文化街区和文博单位，也成了吸引远方游客到访的非典型景区。是啊，远方的风景成了此时的日常生活，城乡居民的日常生活成了他者眼中的风景。就如卞之琳先生的《断章》，“你站在桥上看风景 / 看风景的人在楼上看你 / 明月装饰了你的窗子 / 你装饰了别人的梦”。如是推演，传统景区的定义、内涵和外延都将迎来革命性的变化。我们既要满足国民大众看美丽风景、听历史故事的需要，更要满足游客分享品质生活的需要；既要满足游客白天的视角需要，也要关注游客夜间娱乐、餐饮、住宿等综合感受。面对这些新需求，只靠着一本着眼于传统的市场和只分级不分类的国家推荐标准，还能不能管好景区？我看是不够的，必须把景区作为满足人民小康社会旅游梦的企业来办，下力气培训一批旅游企业家、景区经理人和美好生活策划师。没有市场经济和科技文创的赋能，传统旅游景区是不可能有未来的。

未来的景区应当，也必须把文化的力量导入规划运营的全过程。传统的景区是满足人的既有需求，而当代景区则必须面向潜在的消费需求和未来的市场趋势，创造全新的生活场景和品质体验。当代景区领导人和管理者需要保持对文化发自内心的敬意，对这块土地和人民有着深深的爱恋。最近正在思考一个课题，如何从公共文化和文化产业切入，从供给侧的角度率先启动疫后旅游市场的振兴。不是只有写字、画画、唱歌、跳舞才叫文化，老百姓喜闻乐见的网红、触手可及的社区图书馆、大爷大妈的广场舞、青少年在网上的各种圈子，为国为民，都是文化啊。过去我们把文化局限在公共文化领域和舞台艺术范围，现在是让文化回到生活现场的时候了。近年有不少网红项目和网红景区，比如因抖音短视频而广为传播的西安“不倒翁小姐姐”、重庆洪崖洞、张家界玻璃栈桥等，都是游客的网红打卡地。内容相对空乏的传统景区需要这样的网红现象扩大自己的知名度，增加体验感。但是景区的文化赋能不能仅仅止步于网红，这只是景区导流和价值创造的第一步。景区转型升级是一项系统工程，任何把策划推向包治百病的绝对化地位的说法，都有必要抱以警惕和怀疑的态度。文化现象可以策划，但是精神价值必须坚守，这一点必须和大家说清楚。

对于中国这样一个拥有 14 亿人口的发展中大国来说，旅游景区和休闲场所的供给既需要分级，更需要分类。迪士尼、环球影城、长隆、方特、欢乐谷、海昌海洋公园等重资产、大体量，甚至会成为独立的旅游目的地项目，还会有少量的增长空间。数据推演和现场考察告诉我，更大的市场潜力和投资机会则来自文化资源的存量优化和分散布局的小型休闲项目。根据国家统计局最新公报，2019 年全国共有 3410 座博物馆、528 座美术馆、3189 座公共图书馆、近 4 万家文化站馆，如何导入市场机制和商业手段激活公共文化资源存量，使之成为主客共享的美好生活新空间，有着无尽的想象空间。可以把一些商业项目嫁接进去，也可以把文化项目引到商业综合体。博物馆可不可以开会、典礼、夜场啊？美术馆可不可以时尚化啊？我看都是可以探索实践的。以洛宝贝亲子乐园、比如世界、萌宠动物园、杜莎夫人蜡像馆、老舍茶馆、木工作坊、星乐度主题度假地等业态为代表，因为项目体量小而广泛植入东方新天地、世贸天街、大悦城、正佳广场这样的城市商业综合体、大型超市和社区。不要觉得这些休闲项目离景区很远，不是同类业态，而是要有从休闲时间、休闲空间、休闲预算的竞争者角度想问题。事实上，这些“小而美”的休闲正在一点点地把游客，从那些空旷而无内容的景区和游乐园拉回到城市商圈中。

未来的景区应当，也必须是科技支撑和研发驱动的数字化空间。2019 年年底到建设中的北京环球影城调研学习，重点参访了哈利·波特主题馆，无论是国王车站的九又四分之三站台，还是魔法世界的仅有五分钟体验的十个场景，都让我沉思良久。事后的座谈会上，我和杜晓朦经理说：这哪里是做主题公园，就是文化体验场景实验室和文化工程师的工作室嘛。你们让年轻人享受更多快乐的同时，也让快乐变得更贵了。也可以说，主题公园的导入和升级已经从需求和供给两个方面，彻底改变了国民大众的休闲方式。我和姚会长这代人，文化和休闲来自读书、看戏、听老人讲故事，基本不需要什么介质，就很容易获得单纯的快乐。事实上，现在很多农村居民和小镇青年的休闲方式还是很简单的，门口放个投币摇椅，配上“喜羊羊、灰太郎”的魔性洗脑歌曲就够孩子玩儿半天了。伴随着城镇化进程成长起的“80 后”“90 后”这代人，文化和休闲更多是在互联网、明星演唱会、戏剧场和旅游场景下实现的，需要借助市场手段和一定的科技支撑。现在已经是“00 后”的入场时间了，5G、人工智能、虚拟现实、大数据更深、更广地介入年轻人打开文化、休闲和旅游场景的方式。景区和主题公园的投资运营对技术和文化的依存度不断加深，资本有机构成日益提高，产业链条拉得更长，价值实现过程变得更加迂回。在这个产业演化的过程中，没有科技投入、项目研发和产品迭代能力的企业是没有未来的。

疫情总会过去，生活终将重归日常。任何时候，旅游景区都要有温暖的生活和向上的力量。国家有政策、人民有需要、市场有力量，旅游景区必将，也一定能够走向高质量增长和可持续发展的未来！

# 对疫情后旅游行业的几点想法

刘德谦

（北京联合大学旅游学院，北京 100101）

我年纪大了，最近视力又突然下降，基本也就不写文章了。但眼见 2020 年旅游行业又到了一个内忧外患的十字路口，作为一个关注旅游行业的老人，仿佛 2003 年“非典”的相关情况就在昨天，所以这里就唠叨几句吧。

想想远处，看看近处，结合自己的所见所闻，略说几句断想，或者可以算是一点反思。不成体系，也成不了体系。

## 一、疫后第一阶段的恢复发展：谁能抓到恢复的红利

当年，我们调研发现，“非典”结束后，游客在目的地选择上更倾向于自然风光，更愿意选择一日游、周边游、自驾车游、家庭亲子游等旅游方式。一些地方反应很快，在第一阶段的产品准备上，就推出有利于人流分散和身心健康的农业旅游、生态旅游、体育健身旅游、郊区休闲度假游等产品；同时，在客源组织上，也不组织跨区域促销和跨区域旅游，而是着力于近地旅游。

现在，一方面疫情直接对旅游产业产生了巨大的冲击，很多业界人士立足产业视角，提出了一些或者恢复或者振兴的思路建议，这很好。另一方面，我们也需要立足游客视角，看看他们现在的心理到底有哪些变化和诉求？这次疫情对游客心理产生的压力，也不要忽视。业界朋友现在都指望消费者在疫情结束后的补偿性消费，餐饮、影视演出、娱乐业等都很着急，但是，对自己的客户群体的诉求深入研究和分析了吗？

## 二、关于恢复初期的应对不足：“苦练内功”要练到位

就 2003 年情况来看，很多景区确实也注意到了行业恢复的一些趋势，但真正恢复起来，才发现自己接待方式的适应性有很多准备不够。比如，适应自驾游的停车场、道路标识及营地服务，适应短途旅游的最佳线路设计，适应家庭亲子游的多种小包价，适应卫生心理的宽松而清洁的各式就餐环境和餐食供给，适应人群不愿过于集中的多样小型演出……凡此等等，暴露出了很多不足。

当前及其后一段时间，“苦练内功”会被各个旅游企业反复提及。然而，纸上谈兵与真正发力，那是两个方向。这些企业负责人和员工，不要只顾着看网上各种直播了，聚焦自身企业、实打实地解决现实问题、谋划企业出路，才是重头戏。也许 2020 年后的中国旅游业要想实现高质量发展，只是恢复或者振兴已经不够，更需要的是产品、模式、观念、制度的全方位创新。“苦练内功”时，或许正是研究创新的好机遇。

当然，在旅游的恢复中，继续注意防疫也是必不可少的。从目前疫情来看，此前我

曾经在微信里建议过，为了他人的健康、为了社会的安宁，也为了尊重自己，应考虑劝导此前疫情严重地区的居民、刚刚出院的患者及刚刚解除观察的人员，目前最好暂时不要外出旅游。

## 三、关于三大市场的恢复情况：从历史中看未来

2003 年的“非典”疫情对于旅游业造成了重大损失，确实进一步加深人们对旅游产业的“敏感性”或者“脆弱性”的认识，并进一步探索了相应的应对办法与措施。同时，也产生了一定的负效应，使某些地方当局和投资者对旅游业的产业地位产生了疑问。后来经过官、产、学、研各界的努力，一定程度上解除了对旅游业的怀疑、动摇和彷徨。

从 2003 年的情况来看，国内旅游方面，一日游、周边游、近地游、自驾游、家庭亲子游以及小团队旅游，在恢复的开始阶段得到了更多红利，乡村旅游、自然旅游、康养旅游等更受欢迎。

出境旅游方面，恢复情况与目的地国家和该国旅游接待部门对中国旅游者的态度有关，因此，2003 年后各个国家的恢复速度并不完全相同。

入境旅游方面，有一个心理适应的迟缓效应问题。2020 年这次，由于出现了中国和世界各国疫情的叠加，迟缓效应自然会更加明显。根据 2003 年的情况，由于商务公务的必需，入境旅游中，商务旅游、公务旅游自然会首先得到恢复。应该趁此时机加深对中国整体卫生安全形象的重塑，因为境外旅游者对中国的卫生条件和自身的健康与安全确实会更加关心。

从本次疫情来看，入境旅游和出境旅游的重振都不宜太急，疫情是人命关天的大事，千万不能有所疏忽。

## 四、关于“救市”：期待更精准的政策

旅游企业能否活下去，或者能否活得更好，最终都要取决于企业自身。虽然国家或地方政府的帮助和支持是必不可少的，但自己不努力，是非常危险的。

相关部门和地方政府的扶持政策，不仅必不可少，而且还需更加精准，力度也需更大些。2003 年，为了我国旅游业的尽快恢复，全国不少地方积极“救市”，都出台了相关的优惠政策和办法。最引人注目的是，2003 年 5 月初经国务院批准，财政部就会同有关部门出台了有关减免 18 项行政事业性收费、减免收取 15 项政府性基金、减免部分税收，以及对旅游企业等的短期贷款实行财政贴息的多项政策和措施；接着税务总局和央行也发出了相应的通知。

当年的这些救市政策，效果还是不错的。比如，银行业对旅游企业的原有贷款推迟还贷期，同时一定程度上落实了特殊时期的减息和政府的贴息；对一些恢复面临困难的旅游企业，一些地方政府也视企业的实力和发展潜能提供贷款担保。有些地区，在国债资金的使用分配上，也向旅游业倾斜，等等。这些扶持政策，对旅游业的恢复发展，的

确产生了积极的作用。

不过，政策还有不少值得改进的地方。比如当年对税费基金的减免，是否可以考虑种类再扩大一些、时间再延长一些。因为在疫情严重的月份本来就没有游客，在没有收入的前提下减免税收也没有太多实际价值。

今年疫情的国内及国际影响，远远超过 2003 年，因此更需要中央政府和地方政府的大力支持。在中央积极的财政政策和宽松的货币政策基础上，能否给予遭受重创的旅游业以财政的补贴，在确实核实的基础上，能否给予企业受灾时和恢复初期支付职工工资的人力成本，以相关政策支持。

## 五、关于旅游促销：要及早谋划、科学推进

2003 年旅游业在短期内得到了较好的恢复，旅游促销推广起到了不小的作用。当时，全国不少地方都把旅游的促销推广放到了重要的位置，这是值得肯定的。

本次疫情后，我们在推动旅游业恢复，需要及早谋划，在加大促销力度的时候，是否应该特别注意这样两个具体环节。一是我们的促销和恢复，千万不要把着眼点只停留在人数的剧增和场面的热闹上；在气氛的营造之外，更要注意实效的取得；同时还须注意防病措施的落实，注意阶段和节点的把握，竞相免票之类的措施也是值得再加推敲的。二是把握好旅游促销与价格优惠的关系，从一般规律来看恢复前期的优惠价不仅是很自然的，而且也是必须的；然而，必须尽力避免恶性价格竞争，如果出现了杀他又自杀的价格战，那么只会使目前已经十分困难的旅游业雪上加霜。

好些年前，一些地方政府曾经采用过购买“旅游券”（代金券）发放给居民消费使用的措施。这次疫情后，在经济发达地区，地方政府若推出相关举措，也是可以尝试的。

## 六、关于行业反思：真正地反思才能真正地进步

经过“非典”之后，一些企业也察觉出自己企业的诸多问题，甚至进而察觉到我国旅游产业发展中的某些不足，在认真考虑对突发事件的应对方案之外，从而进一步考虑和实施了对自己企业的新的改革计划，如改制、重组、增效。同时，国家政策层面，加大对民间资本或外资的吸引力度，鼓励实施企业经营的多元化、确立旅游产品的多样化，重视消费主体的多侧面，开辟销售渠道的多途径……所有这些，都应该说是吸取“非典”教训后的一大进步。

也许，旅游经营者对新的发展模式、运营模式、管理模式的探索，将给旅游业原有的相对稳定和服务质量等带来新的挑战，然而不断迎接挑战、战胜挑战，正是人类社会和旅游业不断发展、不断完善的必经之路。对此，我们不应该有太多的顾虑和担心。

虽然一部分企业经历“非典”后，认真思考突发事件对旅游业的影响，总结出一些经验和教训，进而重新考虑自己的发展模式和运营模式。但更多的企业，只是急着复工

复产弥补损失，没有沉下心进行总结。对于有些企业而言，“非典”就是给了它们狠劲去实现减员增效，而有些旅游饭店和旅行社更多地使用合同制员工、临时工作人员。其实，一些急功近利的做法，后来对旅游业的服务质量产生了极大的负面影响，这个教训是很深刻的。

人们往往容易“好了伤疤忘了疼”，这一次，确实需要拿出勇气、决心和智慧来进行深入的自我反思。旅游业与其他行业一样，总结好经验和教训，我们才能走得更好、更稳、更远，或者轻装上阵，或者负重前行。

## 七、关于旅游休闲工作：要切实加大执行力度

关于落实带薪休假制度，第一次有成效的大规模讨论就是在上次“非典”之后。关于该项制度本身，我国《劳动法》早已明文写出；而且，在我国的政府机关和一些企业早已开始实行。但是，当前的情况与真正的实现还有较大距离。

2020 年，是落实国务院《国民旅游休闲纲要》的最后一年。2019 年，国务院办公厅印发《关于进一步激发文化和旅游消费潜力的意见》提出的 9 项激发文化和旅游消费潜力的政策举措，其中有一项就是“推动落实带薪休假制度”。本次疫情之后，落实带薪年休假制度应该有更大的执行力，不仅相关部门和地方政府应该切实地负起责任来，把原来的许诺变成事实，而且旅游企业和有关休闲供给的企业，也应该想出更多的办法，设计出更多的休闲产品，以期能够更好地满足外来游客和本地居民休闲的需要。

我这里说的休闲产品，如多种多样的户外体育健身运动的开展、科考科普旅游的推广、音乐舞蹈美术等的业余爱好的进修与短期培训等，都可以成为前面所说的旅游产品创新的内容。

同时，各级地方政府还应该拿出更大的魄力，继续完善旅游和休闲的公共服务措施，开辟出更多更佳的休闲场所，以期能够无偿地提供给本地居民和外来旅游者享用。

## 八、坚定“信心”：发挥旅游休闲业的拉动作用

旅游主管部门和旅游学者，应当帮助旅游企业和各地地方当局进一步坚定对旅游休闲业发展的信心，既不要盲目乐观，也别尽泼冷水，继续保持原有的清醒的判断，即我国的旅游休闲业一定会继续向前发展，它仍将是我国国民经济的增长点。它的确是我国当前经济活动中拉动内需的重要产业，这个过程的确任重道远，一哄而上反而让行业泛起不应有的泡沫。

对地方经济而言，还不妨强调一点，那就是旅游休闲消费带动的全国居民收入的再分配，尤其有利于中西部地区和不发达地区的开拓财源；同时，对于缓解地方的就业矛盾，也将起到十分显著的作用。所以，地方政府对旅游休闲业的恰如其分的支持，实际也就是为本地解难，为本地“造血”。

近代以来，人们经过了多少次战争、瘟疫、灾荒，但是，这并没有改变他们对旅游

的喜爱。旅游活动不仅越来越多，越来越丰富，而且旅游休闲业也得到了不断的发展，并发展到今天的这个高水平。全球范围内的大众旅游，也是在第二次世界大战后才发展起来的。战争、瘟疫、灾荒是人类的灾难，也是旅游业的灾难，但它不能改变人类对旅游休闲的追求，甚至灾害后的旅游休闲需求可能表现得更强烈。

旅游业见证了中国改革开放 40 多年来的风风雨雨，它仍然是成长型产业，仍然有很大的发展空间。日前文化和旅游部数据中心发布的《2019 年旅游市场基本情况》显示，2019 年，旅游直接就业 2825 万人，旅游直接和间接就业 7987 万人，占全国就业总人口的 10.31%。全社会和各级政府需要充分认识到旅游业在新冠疫情中遭受的巨大损失，并相信旅游业仍会是国民经济新的增长点，也仍然是拉动内需的重要行业。只有这样，我国旅游业的复苏才能尽早成为现实，旅游企业才能获得更好的政策对待。

（作者系北京联合大学旅游学院退休教授、《旅游学刊》前执行主编、中国社会科学院旅游研究中心前副主任；本文由周易水采访记录整理。）

# 疫情之下的旅游业如何在困境中破茧成蝶

崔　翠

（重庆市文化和旅游发展委员会，重庆 401123）

2020年，各地政府和旅游企业正准备迎接即将到来的春节黄金周，但新冠疫情犹如一只巨大的“黑天鹅”骤然而降，旅游业被秒按暂停键，为抗击疫情，旅游业可谓是全面停摆，据专家预计仅春节期间全国旅游业的直接损失就达5500亿元。疫情还在持续，旅游业还在停摆，但我们思考却不能停摆，疫情将给旅游业带来哪些转变？企业如何瞄准机会做长期布局，在困境中突围破茧重生，寻求破局之路？政府如何立足企业困境优化营商环境，为困境中的企业保驾护航，引导行业转型突围？本文旨在立足疫情下的行业变化探索企业和政府的解决路径。

## 一、疫情带来的旅游业变化

### （一）旅游市场要经历严重萎缩后的缓慢恢复

目前我国经济形势下行压力越来越大，国际形势日益严峻，疫情的双重压力让全国旅游业雪上加霜，损失惨重。这次疫情使我们的国内旅游市场、出境旅游市场、入境旅游市场全面萎缩，景区、饭店、旅游交通、旅游购物等旅游各要素全面关业停滞。虽然疫情现在已经得到一定的控制，部分省区宣布降低响应级别，旅游业逐步恢复营业。但旅游业全面复苏可能还要等疫情彻底结束。疫情后旅游业或将局部爆点，但难以全面开花，需缓慢逐级恢复。对于疫情过后能否出现报复性反弹情况也并不乐观，因为这次新冠肺炎叠加我国经济形势下行压力不断加码、CPI远超预期的涨幅、外部环境不断恶化多个不利因素，加之为抗击疫情假期延长，无论是企业还是学校可能都会试图弥补之前消耗的假期，暑期大概率将会缩短，年休假也有可能被挤占，对于旅游业极为重要的“五一”和暑期黄金假期可能难以实现井喷式增长，旅游业或将在“十一”黄金周迎来全面恢复。旅游业的恢复也必然是各个市场逐级恢复，短途自驾游、周边游、乡村游等旅游形式或将最先恢复；景区、住宿、交通、购物等恢复较快；旅行社业务尤其是境外旅游恢复相对缓慢，由于温泉共浴特性，市场的恢复可能滞后，钻石公主号的影响也将进一步制约邮轮旅游市场的恢复。

### （二）旅游消费结构迭代升级加速

在旅游消费结构上，此次疫情将会成为旅游消费结构转变的加速器、催化剂。传统旅游市场可能进一步萎缩、新兴市场有望高歌猛进。疫情让人们心理上更加青睐低密度旅游、康养旅游、个性化品质游、乡村田园游、体育旅游等，当然，这本身也是目前旅游业的发展方向，疫情只是加速旅游需求的转变。疫情促使自驾游、定制游、个性化小团游、研学游、康养游、乡村游、民宿等旅游市场进一步扩大，传统旅行社包团游或将萎缩。旅游消费结构的迭代升级将对于传统旅行社业务、泛抄化景区业务、传统酒店业务等带来巨大的挑战。另外，Z 时代消费群体的崛起将进一步加快旅游市场的细分，二次元、个性化、智能化将会成为旅游消费模式的新宠。

**（三）旅游科技赋能将成为助推旅游发展的重要引擎**

无接触服务已经成为我们抗击疫情、保障正常生活的主流服务形式。未来，科技赋能下的无接触旅游服务将成为主流模式，门票实名制网上预约将成为标配，智慧化景区流量监测系统也逐渐扩展，智能导游将加速推进，旅游领域的 5G、VR、AR、区块链技术应用将愈加广泛，网络短视频营销将成为营销主战场，一站式人工智能旅游服务系统将成为旅游目的地竞相角逐的科技高地。

**（四）行业竞争加剧将推动旅游市场集中度进一步加强**

疫情让很多中小企业特别是中小型民营企业面临生死存亡的抉择，尤其对于成长型的中小企业而言，其过高的资产负债率会让企业在短期内运营维艰。对于大企业和国有企业而言，自身的抗风险能力相对较强，大的 OTA 由于其本身经营模式多元化，可能会化解部分压力；对于中小型供应商而言，情况不容乐观。疫情带来的严重冲击使行业重新洗牌成为必然，旅游行业兼并和重组加速，大企业会进一步扩大市场份额，品牌连锁将进一步增多，旅游市场或将进一步走向集中。

**（五）旅游公共服务的刚性需求进一步增加**

大众旅游时代，作为“软实力”的旅游公共服务其实是目的地旅游市场“硬实力”的集中体现。此次疫情对于旅游目的地的公共服务水平提出了更高的要求，包括旅游公共服务的卫生防疫水平、安全水平、人文关怀度等，这些软实力必然成为旅游者选择目的地的重要参考指标。公平的交易秩序，安全的治安环境，统一规范的公共标识，让人放心的食品安全管理，高质量的旅游基础设施、高水平的卫生防疫……这些都能给游客以更好的满意度、更大的吸引力，进而带来需求转化。

## 二、旅游企业艰难困境中的蝶变之路

**（一）生存为王法则**

疫情对于旅游企业而言，无疑是一个生死考验，作为旅游企业，必须时刻谨记生存为王法则，稳住一切现金流，回笼资金，节约一切可以节约的成本，扛过危机才能谋求发展。吃透用好政府的帮扶政策，例如充分利用疫情期间政府出台的旅游服务质量保证金的返还、减税降费、补助奖励等政策，将政策化为自己发展的助力。疫情当前，我们坚强做好疫情防控的同时，韬光养晦，苦练内功，活下去远比如何谋发展重要得多。

**（二）维护好你的关系**

对于企业而言，最重要的就是维护好员工的关系，维护好客户的关系。疫情带来的旅游业的停摆，势必会造成客户和员工的流失，如果放任这种流失，那么疫情结束后，企业将很难打开局面。在疫情期间，维持客户尤其是优质客户将会使我们在疫情结束后能迅速打开市场，维护员工尤其是优秀的员工将会使我们在疫情结束后能有条不紊顺利经营。疫情给了我们时间，去深思客户与员工需求，维护好员工和客户两大关系，方能使企业在疫情之后的市场竞争中游刃有余。

### （三）思考转变和转型

疫情加速旅游市场机构的转变，疫情当下，企业必须加快思想转变，评估现有经营模式、生产产品、服务方式、管理模式是否能应对即将转变的市场。例如对传统旅行社而言，门店式招徕、传单式宣传、购物式旅游是否已难以适应旅游高质量发展而需要自我革命。在疫情期间，我们能否深入思考企业未来发展方向和转变思路，倒逼改革，就传单式宣传而言，能否结合目前短视频营销制作客户喜闻乐见的宣传作品。面对“瘦狗类”业务能否逐渐舍弃去开拓旅游市场的未垦之地，开拓旅游装备市场、旅游保险市场、无人经营酒店、体育旅游、研学旅游等。对于旅游业抗风险能力差的特点，能否开辟对冲业务来冲抵风险。

### （四）预先锁定市场

当然，作为旅游企业还要做好随时迎接市场启动的准备，在疫情期间，未雨绸缪，做好周边产品和服务，加大产品宣传，注重宣传效果，提升流量转化，锁定未来市场。谋定后动，疫情后方能迅速抢占先机，例如对企业可以探索预售模式，事实上已经有一部分酒店开始这样做，景区、旅行社、酒店等旅游企业可以通过这种模式锁定疫情后市场，而且可以解决现金流断裂的燃眉之急。

### （五）提升自身软实力和硬实力

近几年，旅游业一直高歌猛进、急速发展，旅游需求的猛增带来旅游供给迅速扩张。长期以来，旅游产品供给一直存在同质化、粗放化、低端化等问题，但随着人民群众对高质量旅游产品的需求的日益增加，企业必须正视并解决自身存在的问题，提升自身的软实力和硬实力。对于企业来说，提升软实力可以增加需求变现能力，提升硬实力方能增强抵御风险能力。疫情按下的暂停键给了我们思考它的时间和机会，检视自身的问题和短板，筹谋如何提质增效，在宣传、产品、服务、运维、管理等方面全方位优化、全业务链提升，不断提升企业的 IP 转化水平和能力，促使企业做优、做强、做大。

## 三、政府优化旅游业营商环境

### （一）推动硬核政策制定

疫情以来，各级政府、文旅部门都纷纷出台硬核政策为企业排忧解难，制定对旅游企业的救助帮扶政策、对医护人员的景区免票政策等。疫情后，政府应更加注重旅游者消费信心的重建、为旅游企业经营的纾困解难、不断优化旅游营商环境，制定系列政策包，并加强与企业、旅游者的沟通与交流，增强政策的有效性和针对性，及时评估政策实施效果，适时调整相关政策。例如，政府可设立旅游风险基金；鼓励保险企业设置针对疫情等不可抗力险种，提升旅游企业应对突发不可抗力能力；制定行业安全生产系列标准，提升行业安全保障水平；针对旅游市场结构的转变及时制修法律法规，让法律政策成为行业发展的助推剂而非绊脚石；进一步推动带薪休假政策落实，让公众有闲错峰旅游；加强对具有发展潜力的新兴、智能、创新企业的重点支持；优化出入境签证、行政审批、政务服务等一系列政府服务政策。

**（二）扩大宣传营销效果**

疫情过后，各地政府为恢复旅游市场势必会开展大规模的旅游营销，来吸引国内外游客。政府可以针对在疫情中为国战斗的医务人员、社区工作人员、警务工作者进行康养休闲旅游的特别关怀，加大对正能量关怀式营销，提升旅游目的地的声誉和形象；强化后疫情时期的康养休闲度假营销，构建安全舒心的目的地旅游形象；以内容为王，以创新为魂开展全媒体、全产业、全用户旅游营销，利用短视频、移动终端、多媒体手段进行网络式营销，借助影视、文创、产品等进行渗透式营销，依靠用户口碑进行病毒式营销。

**（三）加大新兴产业扶持**

旅游新兴产业是旅游经济发展的新动能、引领旅游产业增长的新动力。我们必须正视这次疫情对于成长型的旅游企业带来的损伤远远超过一般的成熟性企业，而成长型企业往往代表了行业发展的方向，也是行业发展人才的集聚地，是未来竞相角逐的行业蓝海。政府在危难时刻加以扶持可以使这些企业在疫情之后能迅速恢复活力，占领未来市场。目前各级政府都在积极加大对战略性新兴旅游产业的扶持力度，但目前的扶持政策仍存在政策思路滞后、扶持信息披露不充分、政策落地缺乏监督等难题。后疫情时期，我们应不断推动政府扶持旅游新兴产业政策的优化创新，着重在科学决策、工作机制优化与市场化运作这三方面加强扶持政策的精细化程度。例如可以探索设立新兴产业发展专项资金，用于新兴产业的人才培养、科技研发、创新改革等。

**（四）加大公共服务供给**

疫情后，旅游者旅游模式的转变将大大增加其对目的地旅游市场公共服务的需求，目的地的旅游公共服务供给水平和能力将直接影响旅游者的消费决策，因此政府必须把旅游公共服务作为重点工程实施。政府可以通过和社会资本合作（PPP）模式改善旅游公共服务供给，加大对旅游 PPP 项目的政策保障，优化资金投入方式、拓宽金融支持渠道。重点支持旅游景区、全域旅游、乡村旅游、自驾车旅居车营地、旅游厕所、旅游城镇、交通旅游、智慧旅游和健康旅游、旅游安全防疫等新业态领域的项目发展。

**（五）有效整合旅游资源**

旅游是一个综合性的行业，涵盖食、住、行、游、购、娱等多个产业要素，健康、有序的旅游市场必然是一个多产业链共建、共商、共享的市场，旅游发展仅凭文旅部门一家必然难以为继，如何将众多的要素整合，提升旅游全要素生产率，这就需要各级政府统筹全局的整体观，需要各级部门合作共谋的协同观，把整合资源、优化环境和协调促进作为主要目标，逐步完善旅游产业体系，优化供给侧结构。旅游资源的整合还要坚持线上整合和线下整合两步走，线上要推动全网旅游要素整合，方便游客获取旅游信息和旅游服务，线下要推动各旅游实体要素整合，让游客体验一条龙、全方位、无缝化的旅游服务。

**（六）推动旅游人才培养**

此次疫情必然带来一部分旅游人才的流失，而我们也必须看到，旅游人才短缺是我们旅游行业发展的突出短板。对于旅游景区管理、旅游标准化管理、智慧化旅游建设、文化创作等领域的人才极度短缺，这就需要政府营造良好的人才培养环境，加大对旅游院校人才培养的支持、加强对行业内继续教育的支持、加强对优秀人才的有力引入，当然，政府尤其是文旅部门自身也要注重培养和引入精通业务的领导人才，这样才能引导行业有序、快速发展。

虽然疫情带来的损伤无法逆转，但我们坚信，没有一个冬天不可逾越，旅游业发展方兴未艾，它只是被按下了暂停键；我们坚信，我们的企业必将踏过荆棘，战胜困难，蝶变而生；我们等待，疫情后我们会重新审视旅游的价值，携伴而游；但疫情未过，我们仍要坚守，坚决做好疫情防控，以一个旅游人的担当与国家一起共克时艰，打赢疫情防控阻击战。

（作者系重庆市文化和旅游发展委员会政策法规处工作人员。）

# 新冠后旅游业发展的思考：从“身临其境”到“神临奇境”

赖晓晓

（张家界国家森林公园，湖南张家界 427403）

## 一、旅游业为什么会如此脆弱

改革开放以来，我国的旅游业发展特别快，很多地方旅游成为支柱产业。张家界市旅游业增加值在全市 GDP 占比超过一半。旅游业在民生产出和脱贫攻坚上的贡献越来越大。

众所周知，旅游业是脆弱的，国际或国内只要发生天灾人祸都会对旅游产生负面影响。如 1998 年洪灾，2003 年“非典”，2008 年冰灾、汶川地震、金融危机和禽流感，这次的新冠肺炎对旅游业的创伤尤为厉害。

世界普遍通用的一种旅游概念性定义：旅游是人们在休闲时间到非惯常环境寻求快乐的行为。是人们为寻求精神上的愉快感受而进行的非定居旅行和在游览过程中所发生的一切关系和现象的总和。从旅游者角度，旅游就是“身临其境”非惯常环境，获得“神临奇境”的精神享受。通过对旅游定义的分析，人们的身体从惯常环境到非惯常环境的移动过程是旅游业发展的一个非常关键的脆弱环节。我们应对这个环节的主要常规手段是大力改善交通条件，如建设机场、高铁、高速公路等。但在类似新冠肺炎事件发生的过程中，这些交通设施无法发挥应有的作用。张家界市的高铁 2019 年年底刚刚开通就被暂时冷落。新冠肺炎后人们的生活方式肯定会发生巨大的变化，所以还需要采用非常规手段来应对移动环节，让移动更加健康、安全和便捷。

## 二、从旅游者心理需求重新认识旅游概念

旅游业受到的伤害，一次是意外，多次就是必然。所以必须运用辩证唯物主义的基本原理，在现在的旅游理论和制度上找根源，我们是否全面准确把握和总结了旅游和旅游业的发展规律？

在现有的旅游定义中，旅游必须通过人们从惯常环境移动到非惯常环境才能实现。这种定义是不是对我们的思维和旅游实践活动造成了禁锢？一旦发生类似新冠肺炎事件，人们不移动了旅游就真的不能实现吗？

从旅游者心理需求角度，旅游是在物质生活条件获得基本满足后，在健康安全前提条件下，产生的一种高级精神追求和享受。旅游者的心理共性是“求新、求奇、求异、求知、求乐”等，领略非惯常环境的风光和民俗风情，获得平时不易得到的知识与快乐。通过上述分析可以看出，精神上的追求和享受是人们旅游的最根本、最关键的目的和需

求，是实现旅游的最原始动力。也就是说“身临其境”只是旅游的一种手段和过程，旅游真正的目的是“神临奇境”。

能不能认为，不管人们身体是否移动到非惯常环境，只要非惯常环境中开展的社会经济活动能够满足或部分满足人们的精神追求和享受，那么这种社会经济活动都是旅游。只要采取某种手段替代人们“身临其境”并实现“神临奇境”，那就可以破解移动的脆弱，并给旅游业带来更深更广的发展空间。

因此完全有必要进一步完善旅游的定义，更全面地把握旅游的发展规律，以推动旅游业更健康、更稳定地发展。旅游概念性定义应该可以拓展为：旅游是人们的神识或身体在休闲时间到非惯常环境寻求快乐的行为，是人们为寻求精神愉快感受的过程中所发生的一切关系和现象的总和。

## 三、利用旅游物联网破解移动环节

物联网（Internet of Things）简称 IOT。物联网被称为继计算机、互联网之后信息产业发展的第三次浪潮。从技术架构上来看，物联网可分为三层：感知层、网络层和应用层。感知层相当于人的眼、耳、鼻、嘴和皮肤等神经末梢。网络层相当于人的神经中枢和大脑。应用层是物联网和用户（包括人、组织和其他系统）的接口，它与行业需求结合，实现物联网的智能应用。物联网改名为泛在网（Ubiquitous）也许更恰当，泛在网目前还没有比较公认的定义，只是一种应用概念。字面上的意思是：基于个人和社会的需求，应用网络技术，为个人和社会提供广泛存在的、无所不含的信息服务和应用。处于网络，个人或组织可以在任何时间、地点，使用任何网络，与任何人和物进行即时信息交换。不管叫什么网，人都应该且必须是主体。

我国非常重视物联网的发展。从“十二五”规划开始，就把物联网发展上升为国家发展战略，还陆续制定了一系列促进物联网发展的规划、指导意见和行动计划。“十三五”规划进一步明确“加快物联网产业发展，是国家的重大战略部署”。随着我国的北斗导航、量子通信、5G 技术、大数据、云计算和 AI 技术的快速发展，将我国物联网产业推进到“跨界融合、集成创新和规模化发展”阶段。

目前物联网在很多行业应用比较广泛，在家居、交通、零售和物流四个行业发展很快。特别是 2019 年 11 月初，京东利用 5G 技术的“管道—胶囊”地下物流曝光，可以实现人与人身体完全无接触购物和订餐。物联网应用的领域将进一步拓宽。物联网让每个行业都可以通过信息化提高核心竞争力，智能化的应用就是经济发展方式的转变，这将会给旅游业的发展带来无限的空间。

我国工业和信息化部通信科学技术委员会秘书长张新生认为，物联网能增强人类在物理世界中的存在，并帮助人类增长知识，提高认知能力，节约时间，快速完成任务和获取新知识。中国工程院院士刘韵洁指出：“物联网应重点着眼于解决国计民生、社会发展中遇到的挑战，离开上述需求而单纯追逐利润或盲目跟风，意义不大。”中国旅游研究院副院长唐晓云研究员指出，数字化将成为旅游业效能提升的主渠道，互联网终将成为物联网的子集，旅游物联网正在孕育孵化。

对照以上专家的观点，旅游业作为民生产业完全有必要，也能够与物联网紧密结合，也完全能够利用物联网来实现定义拓展后的旅游。

5G 技术是为物联网设计的，超高网速、超低时延已达到可以忽略不计的 1 毫秒。一旦 5G 技术大规模商用，人们通过旅游物联网不需要“身临其境”就能够即时实现“神临奇境”，从而轻易破解移动这个关键的脆弱环节。

## 四、给旅游物联网粗略画像

国家出台了《“十三五”旅游业发展规划》，并制定了《“十三五”全国旅游信息化规划》，为旅游物联网建设指明十个主攻方向，推进九大重点工程，同时提供相关的领导、资金和政策等保障，《面向景区游客旅游服务管理的物联网系统技术要求》（国标）已经在网上公布并征求意见。

由于我国还是采用世界比较通用的旅游定义，我们的规划和标准中，游客线上旅游的比重太少，线上旅游消费占比 20% 的目标太低，而且这种线上旅游消费中游客足不出户的消费可能少之又少，也因此目前我国物联网在旅游业中的研究和应用主要是智能营销、线上预订、线上支付、旅游智能消费卡、智能门票门禁和旅游行业（主管部门、城镇、企业和景区）智慧管理等。这对应对新冠肺炎类似事件的作用并不明显。

如果拓展后的旅游定义是正确的，那么线上旅游就是主攻方向。因此，需要我们充分发挥想象，描绘出旅游物联网的蓝图，并努力研发付诸实际。从旅游者需求角度，旅游物联网应该具备以下几项基本的功能：

一是线上旅游（网络旅游）功能，直接让旅游者在网络中实现即时“神临奇境”。旅游者足不出户，在线就能操控智能设备，按私人定制的旅游方案，在某个或某些非惯常环境开展旅游活动；并获得比线下旅游（实地旅游）更丰富、更奇特的旅游体验；同时让旅游者更省时、省力、省钱。

二是环境复印和 5D 展示功能（甚至 6D、7D）。要研发出具有环境复印功能的感知系统和 5D 展示系统，让旅游者足不出户就能享受视觉、听觉、触觉、嗅觉、味觉和动感，甚至预感等全面体验，实现与人、物和过程的零距离接触交流。

三是智能录制、编辑、存储和播放功能。让旅游者不但能享受现在，还能体验过去，甚至预见未来。

四是能联即联功能。只要不违背法律法规和伦理道德，旅游者可以在任何时间、任何地点、用任何网络，对任何人、物和过程进行联网。

五是智能维修维护等管理功能。一旦物联网出现故障，系统能迅速自动排除故障，不让旅游者的体验受到长时间的扰乱。

六是智能同声翻译功能。让旅游者能顺畅地与不同方言、不同语种沟通交流。

七是安全和隐私保护功能。旅游物联网要严格保护旅游者的身心安全、健康和个人隐私。

借用一句网络流行语："不要让贫穷限制了想象。"要紧紧围绕旅游者的需求，在法律法规和伦理道德的规范下，不断拓展新功能，满足和引领旅游者的消费需要。

## 五、如何建设旅游物联网

建设旅游物联网的直接目的是，旅游消费更省时、省力、省钱，也更便捷，旅游供给成本更低、效率更高、品质更高，让环境受到的干扰和污染等影响更小。

2020 年是"十三五"规划的收官之年，又遭遇新冠肺炎疫情，任务更加艰巨。政府、旅游企业和旅游从业人员都有义务和责任，加大资源投入，研究、谋划和开发旅游物联网。

作为国家队的"12301"国家智慧旅游公共服务平台和全国 / 全球全域旅游全息信息系统，要大比例加重游客线上体验，起到风向标作用。

为了加快旅游业从粗放型向比较集约型发展，建议打破国内旅游的地域限制，集中部分优势旅游资源，组织一批旅游主管部门、重点旅游城市、大型旅游企业和重点景区（景点）组成物联网应用层面的联盟（或者集团），与感知层和网络层的重点技术单位紧密合作，用比《"十三五"全国旅游信息化规划》更高的要求，进行旅游物联网建设综合试点，以线上旅游为突破口，加快新技术和新型实用研发，加快标准制定，抢先形成较为完整的技术和实用新型专利体系。为制定"十四五"规划甚至更远期的规划提供经验和参考。试点取得成功后向全国和全世界推广。

其他的地方政府和部门、旅游企业、景区（景点）、旅游从业人员和其他有兴趣的人员或组织，都要按照国家的总体规划，主动作为。专注于擅长的个别或部分领域进行研究、实践，促进自身发展，同时不断取得经验，与国家层面的试点进行交流和协作。

我们要拿出防控新冠肺炎疫情的决心，集中全行业的力量，融合社会其他行业的资源，持续打赢旅游突围升级之战。

如果我们建设的旅游物联网，让线上旅游成为人们的家常便饭而线下旅游相对成为奢侈消费，线上旅游产生的效益就能占到整个旅游业效益（以现有线下旅游经济总量不大幅下滑为前提）的绝对优势比重。那么"神临奇境"和"身临其境"既能独立运行又高度融合并相互促进。旅游业就突破了时间和空间的限制，基本可以抵御任何风险，很好地贯彻了"创新、协调、绿色、开放、共享"的发展理念，为社会发展做出了应有的贡献。

## 六、建设旅游物联网存在的问题和挑战

《"十三五"全国旅游信息化规划》分析了规划实施存在的一系列现实问题。但随着经济社会和旅游业的发展，也出现了一些新的问题和挑战。

一是旅游发展规律正在发生改变，不远的将来，线上旅游能够高质量开展，旅游的定义拓展成为可能。但我们旅游业投入到线下旅游的资源比重太大，绝大部分的投入都是为实现线下旅游服务的，有违旅游发展规律，会延滞我国旅游业在国际上做强的速度。

二是旅游物联网的不断发展，对一些传统的旅游行业会产生不同程度的冲击。如旅行社行业可能会大规模萎缩，一些旅游相关的就业岗位甚至可能会消失，如导游、司机。对相关旅游行业的转型和就业转变还缺乏研究。

三是我国在一些技术，特别是感应技术和操作软件技术等方面存在严重不足，过于依赖国外，因此需要支付海量的专利使用费或购买费用，物联网建设成本太高，安全也得不到保障。旅游业“等要靠”的思想太严重，缺乏主动对接国家一系列技术制造规划的行动。

以上问题和挑战需要我们严正审视并谨慎应对。

（作者系武陵源风景名胜区和张家界国家森林公园管理局管理人员。）

# 景区未来的发展方向

戴学锋

（中国社会科学院财经战略研究院，北京 100028）

## 一、以A级景区为核心的中国景区的发展道路

中国人的旅游方式历来是有传统的，中国人喜欢到园林中旅游，因为在那个封闭的空间里，有山有水，有亭台楼阁，可享受自然，同时舒适、安逸、方便、卫生、安全。这与光怪陆离的自然完全不一样，真实的自然充满危险，虎豹毒蛇、洪水塌方……因此中国人更喜欢在安全的人造自然空间中去享受。从先秦两汉时期中国就有苑、囿、圃、园的概念，这些字都暗含封闭的意思。此后，到明清时期，我们的造园理念达到了顶峰，出现了《园冶》这样的巨著，于是有借景、障景、叠山理水等一系列造园理念。在封闭的园林里，达官贵人高堂省亲、小楼宴客，以至于金屋藏娇，高人隐士残荷听雨、闲池放鹤、隔院闻箫。这些活动那么高雅闲适，也是那么苍白病瘘，从中，我们无不嗅出那个“私”字来。

直到民国，大道为公，中国才有了公园的概念，朱启钤先生几乎以自己一人之力，创建了中国第一个公园——中央公园，就是现在的中山公园。他把中国造园理念与人民的公园结合起来，开创了民国旅游时代的先河。

中华人民共和国成立后，为了突出人民的公园，我们进行了更大规模的尝试，典型的就是颐和园。在“文革”期间颐和园改名“人民公园”，对皇家园林进行了彻底改造，甚至把昆明湖改为了游泳场。本人就曾在这里畅游，游到得意时，“到中流击水，浪遏飞舟”的诗句蓦然涌现心头，充满了无产阶级的万丈豪情。1978年拨乱反正，我们逐步意识到，人民的公园并非要把颐和园变为土山、泳池，而是要让中国几千年形成的造园理念为中国百姓服务，于是我们又开始了对传统园林的保护和对“人民的公园”的园林化改造。

当新时代到来，人民对旅游的理解，不再囿于封闭的空间，要在更大的范围内去旅游，于是诞生了A级景区标准。这个标准上继承我国2000多年形成的以人为本的造园理念，下承接当前人们要到更大的范围去旅游的需求，把以人为本的造园理念推广到名山大川、古村古镇、城市休闲区，甚至博物馆、纪念馆等。这种把中国传统以人为本的造园理念推广到更大范围，让人们在A级景区里旅游方便、舒适、安逸、卫生、安全，是一种非常先进的理念。这个理念下创建的A级景区标准，是可以推广到世界的。这是中国旅游人对世界的贡献。

## 二、景区未来的发展方向

改革开放以来，我们走出了一条“中国特色”的景区道路。中国旅游业里曾经几乎

所有的标准都有舶来品色彩，比如说酒店标准，只有我们A级景区标准是中国人自己创造的，这个标准深刻体现了中国人对景区的理解。从这个意义上看，未来景区的发展，应注意以下几点：

（1）以人为本（不能简单照抄标准，人的需求才是衡量标准的最高尺度）。我们的A级景区里秉持中国2000多年造园理念：以人为本。这和单纯以自然为本的思路是完全不一样的。但是A级景区又吸收了尊重自然的元素，把对自然的尊重和对人的尊重有机结合在一起，这就是我们A级景区标准最大的特点，也是我们贡献给世界的非常好的中国方案。

（2）不能过度建设。很多景区过度规划。本来是自然风景很好的景区，非得规划好多乱七八糟、莫名其妙的东西，把景区全填满。过度规划势必带来过度建设，有的景区游客中心建了三十几米高，还有的风雨桥建五层。

（3）尊重旅游资源的属性（不能随意过度人工化）。现在景区门票在下降，很多景区收入可能受到影响，于是越来越多的景区搞所谓的二次消费。提升二次消费本来是很好的模式，但是要和景区相适应。现在部分景区里做了过多的园中园、票中票，美其名曰二次消费。导致一个完整景区在里面被分割，既破坏了旅游资源的整体，也影响了游客的体验。

（4）在景区建设中，公共服务尽管很重要，但要明确其是附属的东西，是为人服务的，只要满足人们的需求即可，不能反过来以公共服务建设为核心，那就反客为主，失去了建设A级景区本来的意义。在尊重自然、以人为本的前提下，如何突出自己的特色，如何更好地满足旅游者的公共服务需求，这是未来景区要解决的一个重要问题。

总之，传统中国更重视人的舒适度，国外更注重自然资源的原真性。A级景区综合了两个方面，因此是一种理念创新。这个是未来应坚持的。

（作者系中国社会科学院研究员、财经战略研究院旅游与休闲研究室主任。）

# 漫谈民宿生活美学

李　原

（四川大学旅游学院，四川 成都 610065）

近年来，“生活美学”成为民宿经营者的一句口头禅，但对什么是生活美学，民宿生活美学的基本维度有哪些，民宿生活美学应该怎样塑造和展现等重要问题却研究不多，作为民宿“情怀”的核心内容，对民宿生活美学的理性思考事关民宿的品质和持续生命力，必须给予高度的重视。

## 一、民宿生活美学的含义

美学是最具传统意义的学说，目前生活美学已经成为全球美学发展的“最新路标”，但说到对民宿生活美学的相应思考，首先需要强调的是：

第一，与西方“生活美学”作为一种自我构建的体系不同，中国的“生活美学”具有悠久的历史传统。儒家哲学就是关于生活本体的学说，孔子说“饭疏食饮水，曲肱而枕之，乐亦在其中矣”。老子“含德之厚，比于赤子”的象喻反映出道家美学的根本即在关注自然与“本真”。禅宗强调“佛法在世间，不离世间觉”，表明禅宗美学是一种对于人生存在本体论的诗性思考。可见中华文化具有生活美学的天然基因，故而英国剑桥学者出版社出版的《生活美学：东方与西方》说：“生活美学”并不只是新世纪以来全球的美学新潮与主潮，而更是东方特别是中国美学的原生形态。同时，我们更需要意识到，2015 年以后生活美学之所以在中国重新引起人们的高度关注，不过是在工业文明、理性霸权和主体膨胀背景下，当代人为摆脱疲惫不堪的生活现状所做的一次审美回归与灵魂洗礼，人们试图在这种表达中找到心灵的落脚点，给自己一个喘息、补血与复活的机会，以应对高速发展社会的节奏压迫与人情疏离。

第二，与传统生活美学局限于形而上的“本体性”关注不同，民宿生活美学在此基础上，也不讳言自身“生活实践美学”的属性，作为一种“回到事物本身的生活方式”，民宿生活美学高度重视回归和重现本真生活的“原发状态”。这种“本真生活”恰恰是随着经济发展被遗失、异化与遮蔽的美好，人们希望借助民宿这一平台，通过生活方式的美学再造，发现并确认自我存在的意义，从而不断地提升整体的幸福感，走向诗意的栖居生活境界。因而今天的民宿生活美学不拘泥于形而上的学理范畴，更在形而下的生活范畴中，基于现时代人们的生活体验、感受需要与未来人生期许进行着积极的创新与探索，展开了生活美学的实践性思考。因此，作为一种文化产业发展的产品形态，民宿生活美学是一种功能性、实用性的，进而具有市场性的，它不讳言自己的功利性，承认自己就是民生美学。

什么是“生活美学”，学者们做过许多阐释，“所谓生活美学，也就是将美的始源、根底、存在、本质、意义、价值等直接安放于人类感性具体丰盈生动的日常生活世界之中的美学”。这是纯粹从美学理论的角度所做的定义，可以看作“美学生活化”的思考。

什么是民宿生活美学，我们认为，所谓民宿生活美学是指以民宿整体环境为平台，依据民宿业态的特性和运营规律，以民宿主人的“生活思考”为主导，以民宿提供的“生活方式”为内容，以达成当代宾客的“幸福感”为目的，民宿产品投射、传达和塑造的审美价值与情趣。显而易见，这是从实践美学的角度所做的定义，可以视为“日常生活审美化”的思考。

## 二、民宿生活美学的维度

根据上述定义可见，民宿生活美学作为一种实践性美学，高度重视审美与生活的本然联系。远去或者逝去的生活情结，一种与现实隔离、回归“本我”的心灵冲动，导致生活的“原音”表达方式成为一种审美，引起人们的关注，这便是民宿生活美学发生的基本逻辑。

民宿生活美学是在更适应人们现代审美观的原则下，以美学的视角看待民宿的价值以及产品的设计与建设。因此，从民宿生活美学的构建维度而言，应包括以下两个基本层面的内容：

第一，民宿生活美学是一门心学，高度重视“本体审美”的意义，即民宿产品所传递的民宿经营者（主人）的美学品位、对“生活”的解析，以及产品带给“本体”包括主人、宾客甚至社会的审美提升价值。民宿的“本体审美”意义是民宿“情怀”的一种鲜活反映，是民宿存在的价值理由，主要包含主人文化、服务文化、增值文化等审美观内容。

第二，民宿产品所展现出来的美学气质具有迷人、暖心、深刻的特性，因此民宿生活美学也高度重视民宿产品的实用性审美价值，主要指在投射主人文化过程中，民宿产品所传达出的“生活方式”魅力，尤其是这种生活方式带给消费者的审美愉悦与消费冲动。因此，民宿生活美学是美学实践大众化的一种有效途径和方法，是从美学角度对住宿产品品质的一种设定、认同与确认。以专业化的方式，设计和营造民宿的环境禀赋、空间风格、服务气质是民宿存在的市场理由，更是民宿可持续发展的基础和保证。

由此可见，民宿生活美学既关注在民宿产品中如何运用美学智慧的问题，更关心产品的美学状态对人们主体意识的唤醒。

## 三、民宿生活美学的衡量因子

将产品、场所、服务与活动等生产资料有机组合，通过创意与文化的融合，赋予产品不一样的美感和价值主张是美学“生活审美化”的基本要求，更是文化产业化发展带来的冲击和贡献。

生活美学是落地的美学，更是灵动活泼、多元包容的美学。民宿生活美学的价值主张来自主人，植根于环境，体现在空间，强化在服务，叠加在增值。为操作方便性，可以概括为主人文化、环境禀赋、空间风格、服务气质四大基本衡量因子。

第一，主人文化。

民宿主人是指民宿业主或经营管理者，民宿主人文化植根于民宿主人自身的文化关照情结与经营中的人文关怀理念，包括主人的生活观、美学观、人际观和服务观。

生活观：是指民宿主人对待生活的态度及观点。包括对人生价值、人生目的和人生意义的基本看法和态度；对生活方式的感悟、体会与理解；对文化，尤其是民宿所在地文化的浓烈兴趣与痴迷。上述发自民宿主人内心深处的价值观、人生观、世界观直接决定着民宿产品品质的高低，决定着民宿服务文化的方向，是民宿生活美学的核心理念要素。

美学观：是指民宿主人的审美品位。民宿主人的审美意识直接决定着民宿设计、建设、经营与服务的审美高度，制约着资源效益的综合发挥水平。民宿主人的审美品位能够更有效地将各种资源转化为可感知、可触摸、可体验的软硬件产品，为民宿产品打上深刻的烙印，为产品注入艺术性、时尚化的美学灵魂。

人际观：是指民宿主人开放、包容的对人与人、人与社会、人与自然的认识与处理方式。人际观是一个古老而又崭新的话题，尤其在急剧变动的信息化社会，城市化的发展使人们背离了自然与乡村，激烈的竞争使人际关系渐渐疏离，快节奏的生活使人们失掉了悠闲的心态，人们渴望回到逝去的“故乡”，重新找回温暖的亲情，因此民宿主人的交流热情、沟通艺术决定着民宿的温度，影响着宾客的情感认同。以“发烧友”的热度，以“朋友”的亲和力，以“说书人”的魅力调动宾客与民宿从业者之间、宾客与所在地居民之间、宾客与宾客之间的交流意愿和冲动是民宿美学生活方式的重要内容。

服务观：是指民宿主人的服务理念，包括对客服务和对社区服务意识。

在对客服务方面，主要指民宿的人文关怀意识。人文关怀是一种植根于内心的修养，更是一种职业道德，要求从民宿主人开始，对宾客无微不至的关注与呵护。

在社区服务方面，民宿是对现代社会生活的一种“背叛”，故而民宿除了其企业属性之外，还具有社会的功能属性。首先，民宿，尤其是乡村民宿，在带动区域形象建设、文明提升、脱贫致富方法探索等方面具有高度的责任。中国社会是乡土性，早在 20 世纪二三十年代，乡村建设先行者梁漱溟就说过：“乡村问题的解决，第一固然要靠乡村人为主力；第二亦必须靠有知识、有眼光、有新方法、有新的技术（这些都是乡村人所没有的）的人与他结合起来，方能解决问题。”因此，民宿是社区振兴的发生器，民宿主人应有强烈的责任感，投身其中、融入其中。其次，民宿主人的社区服务意识还体现在民宿的社区融合度上。民宿，尤其是乡村民宿如何处理与邻里关系是主人文化非常重要的内容。其乐融融的邻里关系是民宿生活美学的重要标志，对待当地员工的态度是考察民宿生活美学的重要指标。另一位乡村建设先行者晏阳初曾指出，乡村建设运动“不要救济，让他发扬”，因此，授人以渔比单纯雇佣更具社会审美价值。

民宿主人文化限定着民宿的基本特性，是民宿的灵魂，更是民宿核心竞争力的基石。

第二，环境禀赋。

禀赋原指人所禀受的体性资质，而环境禀赋则指区域环境资源的富集程度与价值。鲜活的“人”与环境的互动关联，是环境融入“生活美学”的必然途径，民宿作为资源整合的钮结，与环境的互动关联决定着产品价值的高低。

民宿自身内部小环境的场景与氛围营造构成一种环境禀赋，而周边环境禀赋则具有更为重要的价值。

休闲度假时代，旅行者的出行是从选择一家住宿开始，也以离开一家住宿回到家中而结束，在旅游目的地，旅行者的行为特征也明显地呈现出以住宿为中心，选择性、间歇式向四周辐射状进行空间位移的特点。以住宿为中心，整合一小时圈层内的相关资源，形成组合产品，营造和展示某种独特的生活方式成为旅游业生产方式变革的方向。因此，民宿需要依据宾客的需求，充分利用周边环境资源，有效开发出各种有利于体验提升和效益创造的产品，丰富和完善自身的产品体系。其中，民宿的“区位品级”观念应引起高度重视。

多样、特色、灵活将环境禀赋转化为产品，发挥效用是提升民宿审美趣味和产品吸引力的关键。

第三，空间风格。

空间是民宿实现功能满足和情感传递的载体，是民宿生活美学的展示场所。风格是民宿主人赋予民宿功能空间的神韵和性格，是民宿产品的精神特色。

民宿的空间风格植根于民宿的主人文化，也是民宿主人专业化水平的一种体现。空间作为一种可以激活某种场所感染力而存在的艺术作品，能够促使意义与价值的瞬间产生，因此民宿空间犹如一个舞台，体现了民宿主人文化和产品特色的深度和广度。透过专业化的场景表达方式，将民宿主人文化（生活观、美学观、人际观、服务观）投射到空间细节之中，便让空间的可感知性、细节的可体验性成为民宿空间风格塑造的一种途径。这种镌刻着主人印记的空间风格赋予民宿一种具有市场识别度的“性格特质”，成为引发宾客强烈兴趣的民宿生活美学感受，从而也就在民宿空间中实现了从物景到场景，从场景到情景，从情景到意境的美学升华。因此，在民宿空间设计建设中，首先，应高度关注专业化问题，要求建筑外观、装修风格、装饰材料、装饰工艺等环节与民宿文化定位、风格定位协调一致，从而既能展现出民宿独特的风格和特色，又能为宾客营造出舒适、温馨、独特的视觉感受。其次，不同于单纯的艺术产业、文化产业，就民宿而言，传统文化、民族文化、地域文化的时尚表达是审美的趋势和潮流，更是自身经营与消费的内在需求，因此应避免以追求所谓特色为幌子，表象化、浅层化、符号化，甚至庸俗化的文化表现方式，“旧木材、土坯房、鹅卵石、老门窗”不是民宿空间风格的唯一符号，“一宿一格”才是民宿空间风格与特色所在。

温馨舒适、亲切共生是民宿生活美学所倡导的空间场所精神。

第四，服务气质。

气质指内在魅力的释放。民宿的服务气质则是指民宿服务过程中所体现出来的行为特征，这种特征基于主人文化，表演在空间舞台，释放在每个员工的服务过程之中，是民宿生活美学的关键要素。

民宿主人、从业者对民宿这一服务性职业发自内心的喜爱、尊重与坚守是民宿服务气质的内在情感动力足以调动宾客内心波澜，与改变的服务风格和服务规范是民宿服务气质的外在行为特征。和酒店服务气质在追求仪式感相区别，民宿服务气质的基调在于强调温暖的家庭感。这就要求，首先，民宿高度重视硬件产品的舒适度建设，立足人体工程学相关原理，为宾客营造出一个温暖、舒适的居住环境；其次，民宿服务的人性化设计与动态互动构成了民宿产品情感的可感知元素，在民宿主人、从业者对宾客发自内心的喜爱以及乐于付出的服务方式中，着力体现无拘无束、友好自然的服务风格。同时，应不断强化对宾客居停期间的交流沟通服务，以亲近自然的环境、充满趣味的公共空间、温暖惬意的互动产品为主线，引导宾客走出客房，放飞自我，融入环境，交流升华。所以说，民宿服务气质是民宿产品中所包含的丰富情感，是民宿由内而外的精神境界，“一店一品”更是民宿生活美学最迷人的环节。

民宿产品是一种生活方式，是对美好生活的一种写意，车尔尼雪夫斯基说“生活即是美”，这便是民宿生活美学的真谛。

（作者系四川大学旅游学院教授、国家级星评员。）

# 基于数字足迹的自驾车游客时空行为特征研究
## ——以内蒙古赤峰市为例

贾骏骐，白长虹，韦鸣秋
（南开大学旅游与服务学院，天津 300350）

**摘　要**：研究选取赤峰市为案例地，以网络游记中自驾车游客“数字足迹”为数据来源探究赤峰自驾车游客在市辖区内、外时空行为特征。研究发现：(1) 赤峰自驾车游客游览时间行为集中，季节性波动较强，急涨急落。(2) 客源地呈近域和沿海分布特征，其中京津冀和环渤海地区是主要客源地，客源地分布省份经济较为发达。(3) 游客足迹空间网络集中非均衡化，呈“大中心，小集聚”分布；草原风光旅游区在六大旅游区中具有“领头羊”地位，对其他旅游区构成“阴影效应”。(4) 赤峰市作为自驾车旅游目的地外扮演内蒙古中东部地区长线自驾旅游通道角色，市内自驾旅游节点在旅游交通上具有集散和廊道功能但差异明显。文章以网络游客生成内容进行分析，丰富了时空二元下游客行为研究，有益于区域自驾车旅游目的地营销与管理。

**关键词**：自驾车游客；数字足迹；时空行为；网络特征；赤峰市

## 一、引言

自驾车旅游成为我国重要的旅游休闲方式[1]、区域联结度的表征和促使居民消费的新经济增长方式[2]。一方面，自驾车旅游作为新业态已引起中央政府的高度重视，如2018年3月，国务院办公厅出台《国务院办公厅关于促进全域旅游发展的指导意见》[3]提到加快自驾车房车旅游发展，打造特色交通旅游产品。另一方面，越来越多的自驾游客热衷在旅游行中、行后通过线上渠道发布自驾路书、旅游点评、旅游直播等，由此产生了海量游客数据。新数据的出现打破了一般游客数据收集方法上的时空局限，是传统旅游研究中信息获取方法的重要补充[4]。

与此同时，自驾车旅游兴起引发国内外学者对自驾车游客时空行为的关注和探索，集中在自驾车游客时空行为综合分析[5]、自驾车游客时间行为分布特征[6]、自驾线路网络结构特征[7-8]、自驾线路时空行为特征及影响因素[9-10]、自驾车游客空间分布和行为模式[11]、自驾车游客空间效应[12]等方面。然而，由于自驾车游客在旅游目的地自主出

[基金项目] 国家文化和旅游部专业研究生重点扶持项目“基于数字足迹的自驾车游客时空行为特征及影响因素研究——以赤峰市为例”（WLRCY2019-091）。

[作者简介] 贾骏骐（1993—），男，汉族，安徽滁州人，南开大学旅游与服务学院硕士研究生，研究方向为旅游新业态与服务管理，E-mail：jjqnku@163.com。白长虹（1965—），男，汉族，内蒙古呼和浩特人，博士，南开大学旅游与服务学院/商学院教授，博士生导师，研究方向为旅游营销、服务管理、品牌管理。韦鸣秋（1989—），男，安徽淮北人，南开大学旅游与服务学院博士研究生，研究方向为旅游营销与公共服务，E-mail：waynewei015@163.com。

行的主动性、游玩时间的灵活性和游玩地点较多的全域性，导致相关研究数据收集存在难度。这类研究多以问卷调查、电话访谈为主，数据的准确性和代表性存在局限，直接影响研究结果的可信度和普适性。国外学者 Girardin（2008）首次提出“数字足迹”的概念和方法，打破了以往时空行为研究仅局限在旅游者行为研究。Girardin（2008）认为，数字足迹是人们在各类线上应用、智能终端留下的旅游相关信息，这些信息能够反映用户的消费现象和行为轨迹[13]。在此基础上，不少学者围绕“数字足迹”下的游客行为特征展开研究。如 Girardin（2008）基于文本、游客拍摄照片、手机通信记录数据对意大利佛罗伦萨和罗马的游客时空分布特征进行实证研究[14]；Andrea（2009）利用游客标记地理位置的照片、手机网络数据分析了游客在纽约市的流动特征及影响因素[15]；罗秋菊等（2016）使用游客网络游记，以云南省为例分析了入滇自驾车旅游客流的时空特征[16]；蔚海燕等（2018）采集了驴妈妈平台上海高星景区游客购票点评信息，构建了迪士尼开业前后的上海旅游流网络，分析上海迪士尼开业前后上海游客数字足迹演变特征和网络集中程度[17]。综上，国外游客数字足迹研究主要以手机通信数据为主、游客生成图片为辅，较少使用网络文本数据，而国内研究偏向使用网络文本。同时，当前基于游客数字足迹的研究多为大尺度空间下一般游客行为分析，围绕中、小尺度或游客细分市场的游客时空行为研究依然滞后，有待丰富和探索。

当前对于旅游者时空研究主要在大尺度空间下的一般客流上[18-21]，尚无对自驾车游客这一特殊旅游流展开研究。因此，本文选取内蒙古赤峰市为案例地，通过提取网络数据中自驾车游客数字足迹的方法，分析内蒙古地区中小尺度下赤峰市这一旅游目的地自驾车游客时空行为，从时空二元视阈下丰富自驾车游客时空的研究，以期为政府、企业提供理论参考和实践工具。

## 二、研究区概况与研究方法

### （一）研究区概况

赤峰市是我国优秀旅游城市和重要的自驾车旅游目的地，旅游资源丰富多样。目前拥有国家2A级以上景区48处，5A级1处、4A级8处、3A级15处，世界地质公园1处（含9大园区），全国重点文物保护单位49处。自驾游一直是赤峰市重要旅游产品。2017年，赤峰市委、市政府进一步确立建设“中国草原自驾圣地”的发展战略。2018年旅游接待人数达1905.44万人次，全年旅游收入占地区生产总值的20.13%，旅游业是赤峰市重要支柱产业。因此，丰富的旅游资源、广袤的地域面积以及多年自驾车旅游发展基础，让赤峰市成为自驾车旅游地典型代表，故作为本文关注的案例地。

### （二）研究方法

1. 数据收集

鉴于研究数据需要包含地理标签、旅游活动等信息，通过对比不同类型的游记分享平台，本文认为携程网是目前国内最大的在线旅行服务提供商，注册用户数量众多，游客生成内容较完整，因而选择携程网的网络游记作为数据来源。本文于2019年4月以“赤峰”为关键词在携程游记平台进行搜索，共搜到2008年1月1日至2018年12月31日992篇游记，并于2019年5月1日开始数据爬取工作。首先通过分析携程自驾车游记目标网址的规律，构建所有目标网址并解析，然后使用Python语言requests模块爬取网址原码，通过Xpath对目标网址正则匹配对应游记数据，提取所需的数据字段存入数据库。之后，以Excel表格对游记进行格式化整理，依次录入网址、用户名、发表时间、浏览数、评论数、客源地、出发时间、赤峰市内游览天数、自驾行程总天数、人均费用、出行同伴、旅行方式、自驾路线游记标题和游记具体内容。

2. 数据筛选与分析过程

考虑到游记分享网络平台游记包含各类游客、非游客的个人分享数据，需要对爬取所得数据进一步筛选。本文的数字足迹筛选标准如下：（1）游记内容需要完整记录游客的旅游行程和在赤峰境内游览出行的交通方式。（2）游记能够准确、客观地表明客源地、旅游时间和在赤峰逗留时间。（3）通过时间轴的方式对自驾车旅游行程中所有游览节点依次录入，并将所有旅游节点的地名进行名称统一。（4）本文将筛选后的赤峰自驾车旅游数字足迹信息用Excel表格格式化表达。筛选后统计出平台用户共329人，游记371篇，最终形成329条完整有效的自驾车游客足迹。

3. 研究区域划分

由于赤峰市面积广阔，景点众多，为详尽分析游客在区域内的空间特征，本文根据赤峰市人民政府发布的《赤峰市优质旅游发展三年行动计划（2018—2020年）》[22]，围绕赤峰市各地区旅游资源特征、历史文化渊源、景区美誉度将赤峰市全域划分为草原风光旅游区、大漠极限运动旅游区、近郊乡村旅游区、南部休闲度假旅游区、契丹辽文化体验旅游区、史前文化研学旅游区覆盖全境的六大旅游区，以分析自驾车游客空间行为特征。

## 三、自驾车游客时间特征分析

### （一）出游时间集中非均衡

基于数字足迹的赤峰自驾车游客出游时间呈现出月份高度集中和急速增长或下降特征（图1）。自驾客流在6月初急速增长，一直到8月达到峰值，占全年游客量的26.57%，10月末自驾客流量开始急速下降，因此，每年7~10月是赤峰自驾游的旅游旺季，11月至次年3月为旅游淡季。根据赤峰市的气候特点，本文将每年的11月、12月和次年的1月、2月划分为赤峰冬季，3~5月划分成赤峰春季，6~8月划分成赤峰夏季，9~11月划分为赤峰冬季进行自驾车季节分布分析（图2）。夏秋季节为赤峰自驾车游客到访的主要季节，客流占比达全年90.57%，7月、8月、9月和10月是赤峰自驾车旅游旺季，而这四个月分别包含寒暑假、端午节、中秋节和“十一”黄金周，众多假期保证了自驾车游客的闲暇时间和到访意向。

### （二）游客单次停留和游玩时间较短

自驾车游客在赤峰境内停留时间在1~10天不等，2天占比最高，2天后呈递减趋势。

其中，超半数自驾车游客停留时间在 2~3 天（64.74%）。不考虑 1 日游游客，82.67% 的自驾车游客会停留赤峰 1 晚以上；停留 2 天游客占比最高，占赤峰停留总人数的 37.08%，停留 3 天的自驾车游客占比次之，为 27.66%；3~4 天成为游客停留时间“临界点”，占比差最高（17.93%）。存在少量自驾游客停留赤峰一周及以上，但占比较低。通过计算 329 份完整自驾游记游客赤峰逗留平均天数可知，游客在赤峰平均停留天数为 2.59 天，说明绝大部分自驾车游客在赤峰至少停留 1 晚。

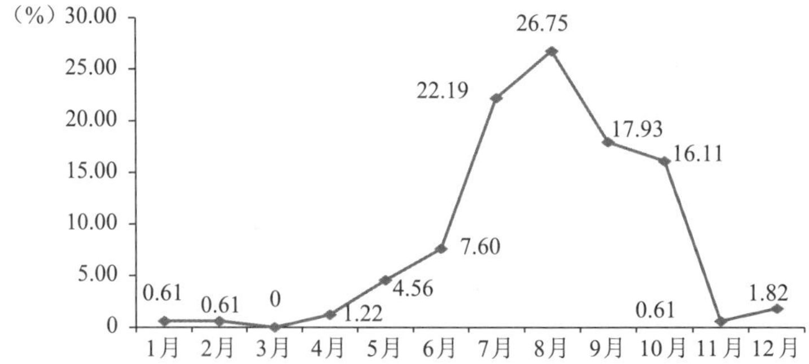


**图 1　赤峰自驾车游客游览月度占比**

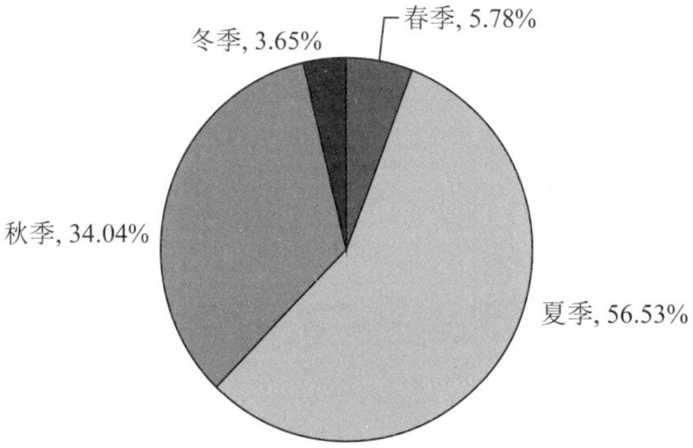


**图 2　赤峰自驾车游客游览季节分布**

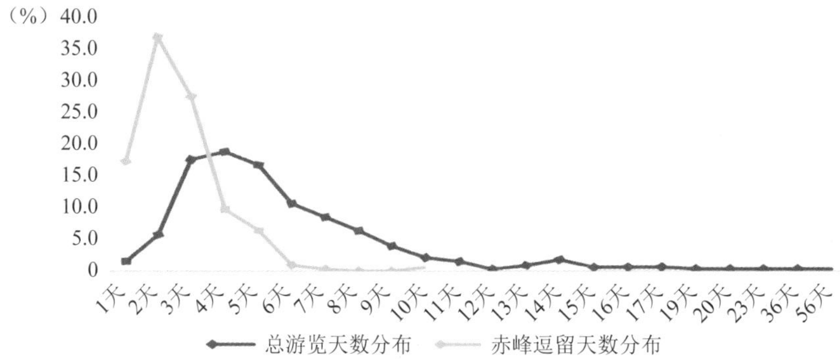


**图 3　自驾车游客游览天数分布特征**

本文进一步统计了赤峰自驾车游客游玩总天数（图3），发现自驾车游客平均游玩天数为5.9天，其中超过半数的自驾车游客停留赤峰游玩3~5天（53.19%），客流占比达53.19%，高于在赤峰境内平均逗留天数（2.59天），说明大部分赤峰自驾车游客在赤峰游览外在其他地区仍有较长时间的停留。总行程5~6天的自驾车客流下降较快，说明到访赤峰地区自驾车游客偏好5天及以下的游览时间。旅游总时间在一周以上的自驾车游客占比为28.88%，说明到访赤峰长线自驾车游客有较高占比。

## 四、自驾车游客空间特征分析

### （一）客源市场空间分布特征

本文通过对收集到的329份自驾车游客客源信息分析，发现赤峰自驾车旅游客源市场总体分布广泛，覆盖21个省、市、自治区，具体空间分布有如下特征：

（1）赤峰自驾车客源地呈现出近域性特征。其中，津京冀和环渤海地区为赤峰自驾游的主要客源地。其中，北京市客源最多（49.54%），为赤峰自驾车最大客源地，为一级客源市场。其余邻近省市河北、山东、辽宁、天津客源比重均在5%以上，可视作赤峰二级客源市场。上述省份构成环赤峰近郊客源市场。而远距离省区如云南、西藏、甘肃、安徽等的自驾车游客较少，为自驾客源边缘市场。

（2）赤峰自驾车客源地集中在我国沿海发达地区，主要从东南沿海地区和中部地区进入赤峰。自驾客源入游流呈现“∧”形，客源地分布总体上符合旅游流距离衰减规律，即随着距离的增加使得旅游客流量在总体呈衰减规律，但这一递减趋势在上海和广东两个客源地出现相反现象。除北京以外，上海成为一线城市中第二主要自驾客源地，其客源在6%以上。此外，我国南方经济最发达的广东省成为我国南方地区赤峰最主要自驾客源地，远超南方其他省份。通过对比分析图4发现，上海、广东客源选择北京作为中转地，本文推测客源地交通条件、经济发达程度等因素是影响赤峰自驾客流随距离衰减并突然出现上升的可能原因。我国沿海省份吉林、辽宁、天津、山东、江苏、上海、浙江、广东的客源共占到赤峰自驾客源总体的35.56%，福建、黑龙江、广西等省份地区占比较低，西部地区和西南地区在数据收集中未筛选出符合条件的自驾车游客。

### （二）游客足迹整体网络结构分析

1. 整体网络构建及分析

根据本文整理形成的赤峰市全部旅游节点的自驾车游客空间移动路径形成359×359的原始赋值矩阵，通过可视化软件Gephi 0.9.2对赋值矩阵进行绘制，同时将自驾车游客与旅游目的地间的流向关系作为边、旅游目的地为节点，构建了自驾车游客足迹整体网络（图4）。同时，本文采用Gephi软件6个静态有向统计指标（表1），即平均度、平均加权度、网络直径、图密度、平均集聚系数、平均路径长度，以此分析和评价赤峰自驾车游客足迹网络总体特征。

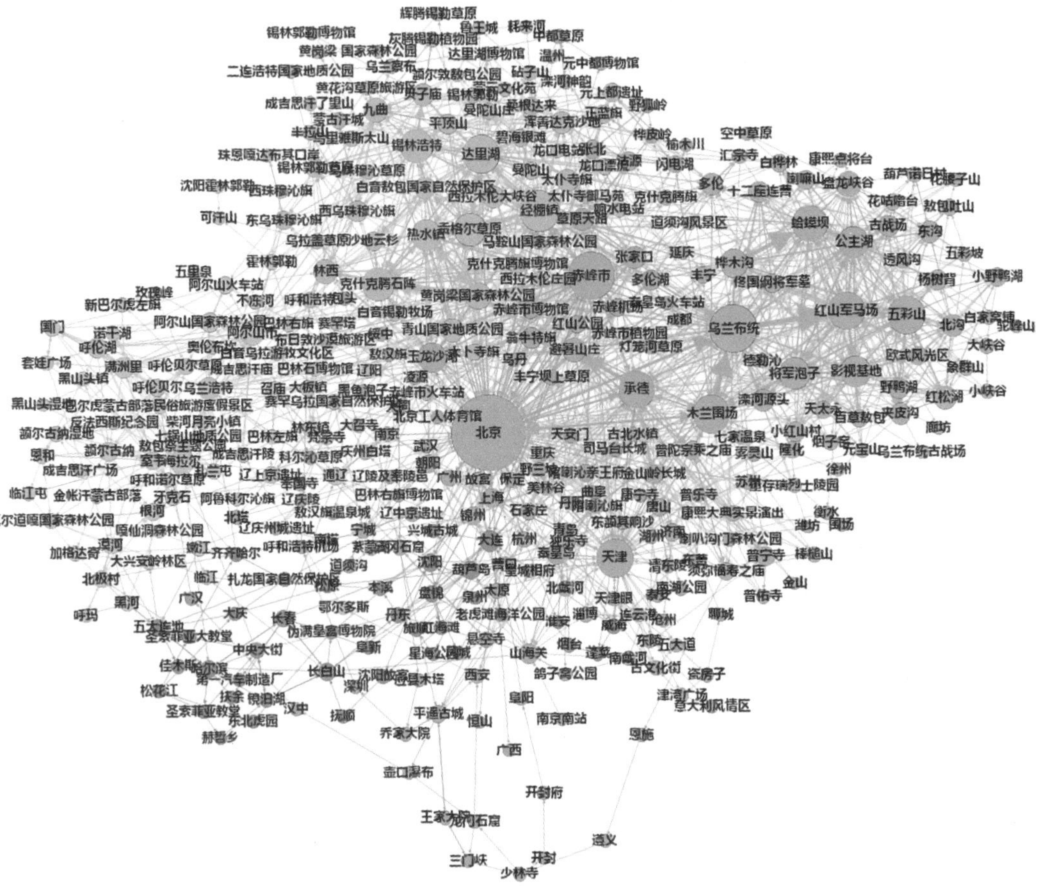


图 4　赤峰自驾车游客足迹整体网络

表 1　赤峰自驾车足迹网络整体结构评价指标

| 评价指标名称 | 指标释义 | 数值 |
|---|---|---|
| 平均度（有向） | 平均度是指所有与该点相连接的边的数量与节点数量的商[23-24]。 | 5.357 |
| 平均加权度 | 平均加权度是指网络中所有节点与之相关的另一节点反应边权重的度计算方式[23-24]。 | 11.245 |
| 图密度 | 图密度是网络实际边数与理论上网络最大边数（节点全部排列组合的理论边数）之比，用以反映网络对其内部的节点影响，可促进或制约节点的发展[23-24]。 | 0.015 |
| 平均集聚系数 | 聚类系数能够展示旅游节点中出现的“小世界”效应，从而给出一些旅游节点聚类或抱团的总体描述[23-25]。 | 0.256 |
| 网络直径 | 网络直径指网络中任意两个节点之间的最大距离[26]。 | 13 |
| 平均路径长度 | 平均路径长度表现为整体网络中各节点所有最短路径之和的平均值[27]。 | 3.865 |

赤峰自驾车足迹网络整体结构平均度较高，说明整体网络中旅游节点丰富，自驾客流在不同旅游节点间流动较为频繁，同时表明平均每个自驾游节点与超过整体网络上 5

个自驾节点高度相关；平均加权度是 11.245，说明赤峰自驾车游客的路径在整体网络中较丰富，结合平均度的 5.357，可理解成在整体网络中，存在部分节点间较为密集的客流的流入和流出，即存在两个旅游节点间的旅游流较大的情况；由于任意两点都有 1 个最短距离，自驾整体网络中最长两个旅游节点间最短路径的最大节点间隔，即网络直径为 13，说明自驾车游客游玩节点数量较多，分布范围较广；图密度是 0.015，网络稀疏，说明整体网络旅游节点分布比较分散，旅游节点间的联系并非十分紧密，游客自驾游览线路个性化程度高，线路重合度低，自驾车旅游节点在发展自驾游上有较大提升空间；平均聚类系数是 0.256，测值较低，说明自驾车游客趋向于分散游览特征，这符合自驾车旅游景点泛化的特点[28]，即行程较长且随行驶路线停车游览；平均路径长度为 3.865，说明整体网络连接度较好，旅游节点通达性较高。

赤峰自驾车旅游网络整体上仍呈现出非均衡的情形，各旅游节点在未来发展自驾游上优化提升空间很大。

2. 凝聚子群分析

凝聚子群是网络行动者之间有较强的、直接的、紧密的、经常的联系子集[29]，可揭示网络内部的子结构，找出在旅游目的地之间具有高度凝聚力的旅游节点集合[16]。筛选后的自驾游节点为 359 个，分析结果如表 2 所示。赤峰市辖区内市、旗、县城市、旅游景区等自驾车旅游节点存在 8 个凝聚子群，市内自驾车游客足迹网络内部存在明显的“集聚”现象。

**表 2　赤峰自驾游节点凝聚子群密度表**

| 序号 | 1 | 2 | 3 | 4 | 5 | 6 | 7 | 8 |
|---|---|---|---|---|---|---|---|---|
| 1 | 1.284 | 0.958 | 0.325 | 0.488 | 0.03 | 0.039 | 0.007 | |
| 2 | 0.568 | 3.45 | 0.2 | 0.073 | 0.143 | 0.15 | | |
| 3 | 0.219 | 0.333 | 0.5 | 0.03 | 0.024 | | | |
| 4 | 0.392 | 0.109 | 0.076 | 0.491 | | 0.011 | | |
| 5 | 0.071 | 0.043 | | | 0.566 | 0.451 | 0.246 | 0.005 |
| 6 | 0.095 | 0.05 | | | 0.554 | 1.346 | 0.051 | |
| 7 | 0.007 | | | | 0.147 | 0.051 | 0.075 | 0.045 |
| 8 | | | | | 0.02 | 0.004 | 0.045 | 0.06 |

赤峰市内自驾车游客足迹部分凝聚子群（简称子群）间联系非常紧密，如子群 1、子群 2 和子群 6 分别达到 1.284、3.45 和 1.346，说明这些子群是赤峰市自驾车游客流动最频繁、出游频次最高的区域。由于子群 1 和子群 2 所辖景区全部位于乌兰布统景区内，说明乌兰布统景区自驾游客集聚能力较强。由于子群 1、子群 2、子群 3、子群 4 全部在草原风光旅游区内，可以发现草原风光旅游区之间的联系紧密度强于其他旅游区之间，但仍然存在部分子群间缺乏联系（如子群 3 与子群 6）。同时，子群 7（近郊乡村旅游区、大漠极限运动旅游区、契丹辽文化体验旅游区和南部休闲度假旅游区）和子群 8（契丹

辽文化体验旅游区）与涉及草原风光旅游区的任何子群联系极低，均低于 0.1，说明前往契丹辽文化体验区的自驾游客一般不会前往草原文化旅游区，反之亦然。

综上所述，草原风光旅游区在自驾车旅游中发展优势明显会对赤峰市内其他旅游区的自驾车旅游发展造成旅游地“阴影效应”。赤峰自驾车旅游发展过程中出现“月朗星稀”现象，自驾车旅游在各旅游区发展不平衡。

3. 单个自驾旅游节点分析

通过对旅游节点中心度、程度中心度、接近中心度、中介中心度等指标分析赤峰市单个自驾旅游节点游客流动情况。其中，旅游节点中心度是评价旅游节点是否在旅游网络中是最重要的中心地位指标，分为程度中心度、接近中心度和中介中心度[30]（表 3），可使用相关评价模型来度量[7]。

**表 3　赤峰自驾车足迹单个旅游节点评价指标**

| 单个旅游节点评价指标 | 指标释义 |
| --- | --- |
| 程度中心度 | 衡量某一旅游节点与网络中其他节点交换旅游客流的能力的指标。 |
| 接近中心度 | 衡量旅游流在旅游节点间流动的有效程度和通达程度。 |
| 中介中心度 | 衡量某一旅游节点通过旅游网路路径或者旅游流对同一旅游网络中其他旅游景区产生的依赖和控制程度。 |

旅游者从某节点流向其他节点，则为外向程度中心性；从其他旅游节点流向该旅游节点，则为内向程度中心性。外向和内向程度中心度揭示了某旅游节点是属于城市旅游网络的起点、核心点还是终点[31]。本文通过单个自驾旅游节点分析，得到以下发现：

（1）自驾车游客赤峰市内旅游节点网络特征

本文利用 Ucinet 6.0 软件计算赤峰市内自驾车旅游节点的程度中心度、接近中心度和中介中心度，并标识出自驾旅游节点所属的景区级别，形成表 4，并通过 Gephi 软件对赤峰市内的自驾旅游节点进行分析生成赤峰市内自驾车旅游足迹网络（图 5）。

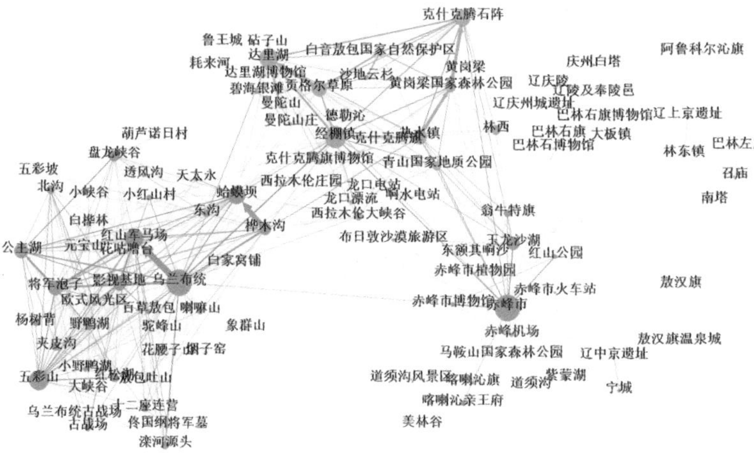


**图 5　赤峰市内自驾车旅游足迹网络**

表 4 赤峰市内自驾车旅游节点中心度

| 序号 | 景区级别 | 赤峰市内自驾旅游节点 | 程度中心度 | | 接近中心度 | | 中介中心度 |
|---|---|---|---|---|---|---|---|
| | | | 外向 | 内向 | 外向 | 内向 | |
| 1 | 4A/ 世界地质公园 | 蛤蟆坝 | 37.0 | 20 | 14.954 | 24.913 | 2.441 |
| 2 | / | 赤峰市（城区） | 37.0 | 47 | 15.451 | 29.808 | 18.552 |
| 3 | 4A/ 世界地质公园 | 乌兰布统草原 | 36.0 | 49 | 14.91 | 29.392 | 10.724 |
| 4 | 4A/ 世界地质公园 | 五彩山 | 36.0 | 27 | 14.606 | 24.206 | 1.911 |
| 5 | 4A/ 世界地质公园 | 红山军马场 | 30.0 | 31 | 14.326 | 26.538 | 3.248 |
| 6 | 4A/ 世界地质公园 | 达里湖 | 28.0 | 33 | 14.886 | 27.433 | 6.032 |
| 7 | 4A/ 世界地质公园 | 将军泡子 | 27.0 | 19 | 14.512 | 24.288 | 1.407 |
| 8 | 5A/ 世界地质公园 | 克什克腾石阵 | 26.0 | 25 | 14.806 | 27.412 | 2.658 |
| …… | | | | | | | |
| 92 | 4A/ 世界地质公园 | 驼峰山 | 1.0 | 1 | 12.345 | 19.012 | 0 |
| 93 | 4A/ 世界地质公园 | 乌兰布统古战场 | 1.0 | 1 | 12.7 | 21.009 | 0 |

通过结合 3 种指标性统计结果和赤峰旅游发展实际情况，本文分析了各个自驾游节点在旅游交通上的作用，结果如表 5 所示。赤峰市（城区）乌兰布统景区、达里湖景区、玉龙沙湖景区中介中心度指标值较高，属于自驾车旅游中的核心集散中心，而克什克腾石阵、经棚镇、热水镇、林西等可视为自驾车旅游次级集散中心，其集散功能弱于核心集散中心。贡格尔草原、白音敖包国家自然保护区、西拉木伦大峡谷、白桦林等自驾节点的程度中心度和接近中心度较高，但中介中心度较低，且位于 G16、达达线等旅游公路周围，说明其自驾游通道作用功能较强。各项测值较低的驼峰山、乌兰布统古战场、南塔等旅游节点由于散布在不同旅游区内，且在足迹整体网络中较为孤立，则在自驾旅游交通上处边缘地位。

表 5 赤峰市内自驾车旅游节点网络特征

| 自驾游核心集散中心 | 自驾游次级集散中心 | 自驾游通道 |
|---|---|---|
| 赤峰市（城区）、乌兰布统草原、达里湖、玉龙沙湖 | 克什克腾石阵、经棚镇、热水镇、林西、翁牛特旗 | 贡格尔草原、白音敖包国家自然保护区、西拉木伦大峡谷、白桦林、林东镇、大板镇、宁城、北塔 |

（2）自驾车游客赤峰市外旅游节点网络特征

本文利用 Ucinet 6.0 软件计算出赤峰自驾车游客在赤峰市外的旅游节点的程度中心度、接近中心度和中介中心度三个指标，标识出自驾旅游节点所属的景区级别，按照中心度大小顺序选取前 33 个旅游节点数据作为分析对象（表 6），并通过 Gephi 软件对赤峰市内的自驾旅游节点进行分析生成赤峰市外自驾车游客足迹网络（图 6）。

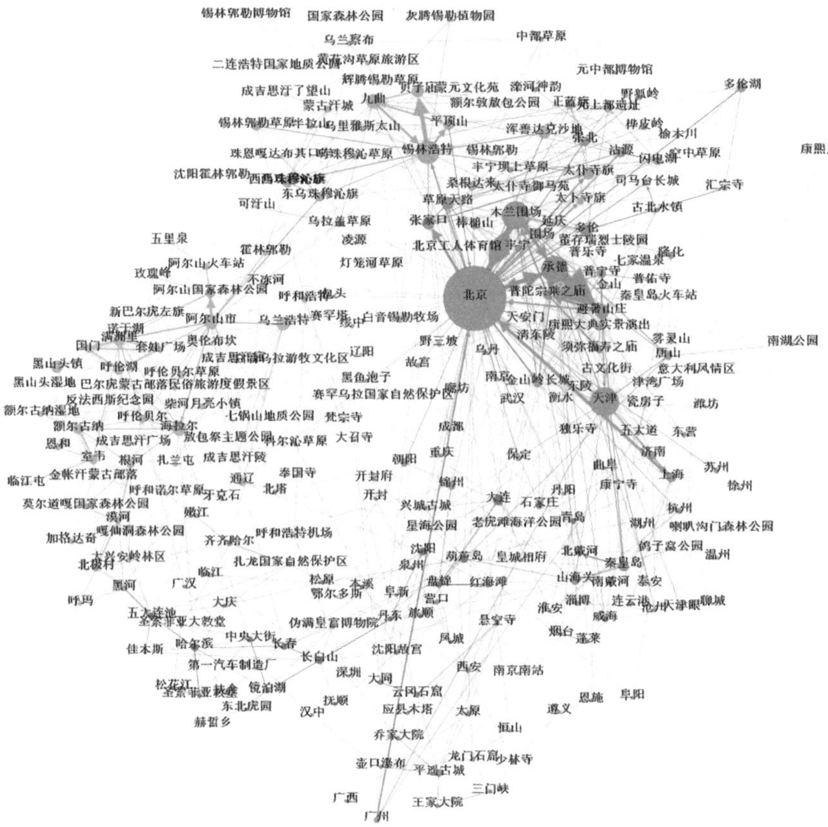


图 6　赤峰市外自驾车旅游足迹网络

表 6　赤峰市外自驾车旅游节点中心度

| 序号 | 赤峰市外旅游节点 | 程度中心度 | | 接近中心度 | | 中介中心度 |
|---|---|---|---|---|---|---|
| | | 外向 | 内向 | 外向 | 内向 | |
| 1 | 北京 | 65 | 88 | 15.464 | 31.709 | 29.291 |
| 2 | 天津 | 29 | 33 | 14.763 | 28.435 | 7.981 |
| 3 | 木兰围场 | 24 | 38 | 14.83 | 27.475 | 5.05 |
| 4 | 锡林浩特 | 24 | 28 | 14.547 | 26.796 | 4.569 |
| 5 | 承德 | 22 | 36 | 14.745 | 27.795 | 7.18 |
| 6 | 贝子庙 | 18 | 5 | 14.028 | 21.605 | 0.826 |
| 7 | 避暑山庄 | 17 | 11 | 14.642 | 24.47 | 1.369 |
| 8 | 海拉尔 | 16 | 13 | 14.541 | 22.319 | 7.439 |
| 9 | 九曲 | 14 | 15 | 13.817 | 25.517 | 1.72 |
| 10 | 张家口 | 14 | 10 | 14.078 | 25.517 | 0.873 |

续表

| 序号 | 赤峰市外旅游节点 | 程度中心度 | | 接近中心度 | | 中介中心度 |
|---|---|---|---|---|---|---|
| | | 外向 | 内向 | 外向 | 内向 | |
| | …… | | | | | |
| 30 | 须弥福寿之庙 | 8 | 4 | 13.995 | 21.963 | 1.304 |
| 31 | 元上都遗址 | 8 | 6 | 13.871 | 21.476 | 0.098 |
| 32 | 张北 | 8 | 7 | 13.68 | 25.229 | 0.561 |
| 33 | 朝阳 | 7 | 7 | 14.039 | 25.48 | 1.617 |

赤峰市外自驾车旅游节点分为城市型节点和景区型节点（表 6）。旅游流转量较大的城市型自驾车旅游节点的区域为北京、天津、锡林浩特、承德、阿尔山、海拉尔和张家口。北京、天津两城市中介中心度较高，是赤峰市自驾车游客在市外的主要中转地和集散地；锡林浩特、承德、海拉尔的中心度较高，在赤峰市外空间流动过程中处于核心地位，不仅具有集散中心的角色，同样承担自驾旅游目的地的功能，有较强的辐射和集聚特征，与周边节点“抱团”；在景区型旅游节点中，木兰围场、贝子庙、避暑山庄、锡林浩特九曲景区、草原天路这 5 个旅游节点程度中心度较高，是核心景区型旅游节点。阿尔山国家森林公园、呼伦湖、山海关等旅游节点为一般节点，内、外向中心程度值均处于较低水平，对周边其他旅游景区节点以及赤峰的影响并不明显；从中介中心度来看，木兰围场、避暑山庄、锡林浩特九曲、草原天路、呼伦湖和山海关的中介中心程度值较高，这 6 个旅游节点在游客赤峰市外自驾路线中的集散作用较强；从接近中心度来看，赤峰市外部自驾旅游节点数值相近，分布在 13~31，说明这些旅游节点的通达性与交通便捷程度良好。

由于赤峰市外自驾足迹网络中大部分旅游节点位于内蒙古中东边境地区。因而赤峰作为整体也可视作区域长线自驾车旅游通道。

## 五、讨论

交通工具的选择容易影响游客的时间与空间活动[16]，空间结构是游客活动在空间上的投影[31]。因此，自驾车游客时空行为特征与一般旅游游客存异。通过对自驾车游客时空行为特征的分析，有益于对未来赤峰自驾旅游目的地的建设。

草原风光旅游区“领头羊”角色明显，但带动、辐射其余旅游区能力有限。因此，发挥好草原风光旅游区“领头羊”的品牌示范作用下要逐步加强其与其他风光旅游区景点的扩散和联动。例如，实施“借景带景”计划，借赤峰西部草原风光旅游区的自驾客流量，通过依托东部地区景点，围绕区内国道 G306、G303、G16、达达线和热阿线等客流较大公路，重点做景区外旅游基础设施建设，成就东部自驾旅游休闲消费，消减自驾旅游地发展中“阴影效应”，以加强同周边旗县联动，融入区域自驾游体系建设的大格局。

赤峰游览时间季节性波动很强，游览行为呈现高度集中趋势和急速增长、急速下降的特征。大部分自驾车游客偏好赤峰境内游览 2~3 天，自驾出游总天数集中在 3~5 天，占比达 53.19%。自驾车游客在赤峰辖区内停留时间短，说明赤峰不具有度假旅游目的地特征。针对这一问题赤峰文旅部门可开展自驾游营销计划以削弱其消极影响，如策划“全域旅游日历”，丰富全年的自驾旅游节庆，均衡全年自驾客流，延长游客逗留天数，向自驾车旅游度假胜地发展。

赤峰客源市场空间结构具有近域性特征及南方发达地区分布特征，京津冀、环渤海地区是赤峰自驾车旅游的“明星”市场。在巩固好该主力市场的基础上，应注重对广东、上海和浙江等南方经济发达地区的“金牛”市场的精准营销。自驾旅游通道节点城市政府和景区未来可强化区域旅游开发合作，在满足邻近自驾主要市场的基础上逐渐满足各种利基市场需求，为自驾车游客提供精益服务。

## 六、结论

本文以赤峰市为自驾车旅游研究案例地，通过对“数字足迹”的爬取、筛选和分析，探索自驾车游客时空行为特征，研究显示：

自驾车游客游览行为季节性波动较大，时间分布集中非均衡。其中，赤峰自驾客流游览时间行为呈现季节性急速增长和急速下降的特征，夏季成为客流高峰。自驾车游客在赤峰境内偏好游览 2~3 天，其在自驾出游总时长中占较高比重，绝大多数自驾车游客会境内过夜。

自驾车旅游客源地空间结构具有明显的近域性分布特征。津京冀、环渤海省份是赤峰自驾车旅游重要客源地。自驾游客由城市向休闲度假旅游区流动，北京成为赤峰自驾车旅游第一客源地，赤峰自驾车旅游客源地交通条件、经济发达程度等因素是影响赤峰旅游流距离衰减规律发生逆转的可能原因。

自驾车游客足迹整体网络结构分布呈现“大中心，小集聚”的特点，集中非均衡分布，区域旅游风光区间联结度存异。自驾车游客在赤峰主要旅游节点间流动较频繁，但各旅游节点在整体网络中分散分布；赤峰草原旅游风光旅游区在六大风光旅游区中处“大中心”地位，自驾车游客对草原风光“情有独钟”。草原风光旅游区与其他旅游区间的自驾游览关联度要强于其他旅游区间的联系，其他旅游区间自驾游览关联度较弱，对其他旅游区可能够成“阴影效应”，且区内旅游节点呈现“小集聚”特征。

自驾旅游节点在交通上承载功能不同。赤峰市既是自驾车游客游览目的地，也是内蒙古长线自驾旅游“通道”。赤峰市外的自驾车旅游节点在内蒙古自治区中东部地区密度分布较高，具有“抱团”特征，团内旅游节点与赤峰市内旅游节点联结较为紧密。

**参考文献：**

［1］张辉.全域旅游助推自驾旅游［J］.旅游研究，2017（4）.

［2］李凤，汪德根，刘昌雪，孙枫.中国自驾车房车营地空间分布特征及其驱动机制［J］.资源科学，

2017，39（2）：288–302.

［3］国务院办公厅.国务院办公厅关于促进全域旅游发展的指导意见［EB/OL］.（2018–03–22）［2019–08–31］.http：//www.gov.cn/zhengce/content/2018–03/22/content_5276447.htm.

［4］郝志刚.移动大数据时代我国旅游发展的新思考［J］.旅游学刊，2016，31（6）：1–2.

［5］张晓燕，张善芹，马勋. 我国自驾车旅游者行为研究——以华北地区为例［J］.旅游学刊，2006（9）：33–37.

［6］李昂.自驾车旅游客流时间分布特征研究——以承德避暑山庄与周围寺庙为例［A］//中国城市规划学会.城市时代，协同规划——2013中国城市规划年会论文集（04–风景旅游规划）［C］.中国城市规划学会，2013：9.

［7］Shih H Y. Network characteristics of drive tourism destinations：An application of network analysis in tourism［J］. *Tourism Management*，2006，27（5）：1029–1039.

［8］赵伟，李蕊蕊，闫景丽.福建省自驾入游流市场及网络结构特征研究［J］. 世界地理研究，2017，26（6）：165–174.

［9］Page S，Connell J. Exploring the spatial patterns of car–based tourist travel in Loch Lomond and Trossachs National Park，Scotland［J］.*Tourism Management*，2008，29（3）：561–580.

［10］Zillinger，Malin. Tourist routes：A time–geographical approach on German car–tourists in Sweden［J］. *Tourism Geographies*，2007，9（1）：64–83.

［11］卢松，吉慧，蔡云峰.黄山市自驾车入游流旅行空间行为研究［J］.地理研究，2013，32（1）：179–190.

［12］冯淑华.自驾车旅游者的行为特征及空间效应分析［J］.旅游学刊，2008（9）：34–38.

［13］Girardin F，Calabrese F，Fiore F D，et al. Digital footprinting：Uncovering tourists with user–generated content［J］. *IEEE Pervasive Computing*，2008，7（4）：36–43.

［14］Girardin F，Fiore F D，Ratti C，et al. Leveraging explicitly disclosed location information to understand tourist dynamics：A case study［J］. *Journal of Location Based Services*，2008，2（1）：41–56.

［15］Vaccari A，Liu L，Biderman A，et al. A holistic framework for the study of urban traces and the profiling of urban processes and dynamics［C］. *2009 12th International IEEE Conference on Intelligent Transportation Systems. IEEE*，2009.

［16］罗秋菊，梁思贤.基于数字足迹的自驾车旅游客流时空特征研究——以云南省为例［J］. 旅游学刊，2016，31（12）：41–50.

［17］蔚海燕，戴泽钒，许鑫，冯学钢.上海迪士尼对上海旅游流网络的影响研究——基于驴妈妈游客数字足迹的视角［J］.旅游学刊，2018，33（4）：33–45.

［18］王公为，乌铁红.内蒙古入境旅游流流量与流质的时空分布研究［J］.干旱区资源与环境，2016，30（12）：199–203.

［19］李文龙，林海英.内蒙古入境旅游目的地客流集散时空动态研究［J］.干旱区资源与环境，2016，30（3）：195–201.

［20］林海英，孟娜娜，李文龙.“一带一路”战略下内蒙古入境旅游客源市场时空演化［J］.地域研究

与开发，2016，35（2）：101–107.

［21］韩冬，黄丽华.基于旅游数字足迹的旅游流网络结构研究——以内蒙古自治区为例［J］. 干旱区资源与环境，2018.

［22］内蒙古自治区赤峰市人民政府.赤峰市人民政府关于印发《赤峰市优质旅游发展三年行动计划（2018—2020年）》的通知［EB/OL］.（2018–05–15）［2019–08–31］. http：//www.chifeng.gov.cn/contents/202/138750.html.

［23］约翰 · 斯科特，刘军.社会网络分析方法［M］.重庆：重庆大学出版社，2007：53–63.

［24］刘勇，杜一.网络数据可视化与分析利器：Gephi 中文教程［M］. 北京：电子工业出版社,2017.

［25］Watts D J，Strogatz S H. Collective dynamics of 'small–world' networks.［J］. *Nature*，1998.

［26］Brandes U. A faster algorithm for betweenness centrality［J］. *Journal of Mathematical Sociology*，2001，25（2）：163–177.

［27］闫奕文. 政务微信信息传播机理及效果评价研究［D］.长春：吉林大学，2017.

［28］刘艳平，保继刚，黄应淮，张子昂.基于GPS数据的自驾车游客时空行为研究——以西藏为例［J］.世界地理研究，2019，28（1）：149–160.

［29］周慧玲，许春晓.基于游记行程的湖南旅游流空间网络结构特征［J］.经济地理，2016，36（10）：201–206.

［30］王永明，马耀峰，王美霞.中国入境游客多城市旅游空间网络结构［J］. 地理科学进展，2012，31（4）：518–526.

［31］杨兴柱，吴静.南京市旅游流网络结构特征历时性比较［J］.旅游科学，2015，29（4）：35–46.

# 基于文本挖掘的旅游地形象感知研究
## ——以韩国游客对青岛的评价为例

李日龙[1]，张　皓[2*]

（1. 青岛滨海学院酒店管理学院，山东 青岛 266555；
2. 中国科学院地理科学与资源研究所 中国科学院陆地表层格局与模拟重点实验室，北京 100101）

**摘　要**：网络时代的来临，文本挖掘和语义网络分析在旅游领域也逐渐成为研究的新手段。本研究深度挖掘了韩国游客对青岛客观评价和主观情感相关的文本数据，研究了青岛在韩国游客心目中的旅游地形象感知。结果表明：（1）啤酒和烧烤成为青岛最响亮的代名词。（2）体验以美食与娱乐为主，缺乏历史文化体验。（3）韩国游客对青岛的整体印象基本表现得比较积极。而在其他认知方面，韩国游客也认为青岛是一个正在改革、发展、建设的城市。（4）韩国游客普遍认为青岛出行便利、消费品价格便宜、餐饮消费较高。研究结果阐述了韩国游客对青岛旅游形象的认知，为青岛市文化和旅游相关部门宏观决策提出建议，为振兴旅游市场提出理论依据和参考。

**关键词**：文本挖掘；语义网络分析；旅游地形象感知；韩国游客；青岛旅游

## 一、引言

近年来，随着旅游地的竞争日趋激烈，旅游地形象作为吸引游客、创造地方识别的核心因素，成为旅游目的地竞争优势的核心来源[1]。游客对旅游地的形象感知是游客决定是否访问该目的地的重要因素。因此，如何准确地掌握游客以及潜在游客对旅游地的形象感知成为旅游领域研究的重点。对于旅游地的发展和管理，最为关注的问题应该是如何捕捉游客以及潜在游客对旅游地的形象感知，从而为决策者提供行之有效的旅游产业开发、旅游地规划等策略的理论依据[2]。通过科学有效地评估旅游地形象感知，不但可以挖掘旅游地资源的核心价值，提炼出能充分展示地方自然特性和历史文化底蕴的形象理念，而且可以确定合适的旅游地形象管理战略，促进旅游地的可持续发展。

中国与韩国作为近邻，便利的地理位置为两国之间的旅游提供了非常良好的基础条件。自 1992 年中韩建交以来，由于双边关系的友好发展，长期以来在旅游领域一直都是对方重要的客源国。由于青岛地处山东半岛东南部沿海，与朝鲜半岛隔海相望，一直以

［作者简介］李日龙（1986—），男，吉林省珲春市人，博士，青岛滨海学院酒店管理学院讲师，研究方向为旅游大数据分析，E-mail：lirilong1018@163.com。张皓（1983—），男，甘肃省张掖市人，中国科学院地理科学与资源研究所博士后，研究方向为旅游可持续发展，E-mail：zhanghao@igsnrr.ac.cn。
*通讯作者。

来都是沟通朝鲜半岛的桥梁和纽带。因此，来访青岛的海外游客中韩国游客一直都是青岛最主要旅游客源[3]。但是，2016 年发生的萨德事件，给中韩两国的旅游业带来了前所未有的危机。2017 年青岛统计年鉴的数据显示，2016 年访问青岛的韩国游客数量同比下降了 82.5%。这是有史以来访问青岛的韩国游客数量下降幅度最大的一次。随着萨德事件渐渐从公众视野中淡去，2017 年韩国来访青岛游客数量极限反弹，同比上升 84.3%，反映了韩国游客对访问青岛的敏感性。对于这样一个特殊的群体，有必要深入了解韩国游客对青岛的形象感知，以发现自身存在的问题并提出解决方案，最终推动青岛旅游业的高质量可持续发展。

Shin 在早期的有关旅游地形象研究中指出，针对海外游客进行的旅游地形象感知研究方面，直接访问海外游客的所属国进行调查的方法要比以来访旅游地的游客为对象做的调查更加有效[4]。但是学者们仍然以来访海外游客作为研究对象的主要原因是，出国访问研究无论在时间和费用方面都需要巨大的消耗。近年来，随着大数据技术的发展，学者们开始通过收集游客或潜在游客上传于个人社交平台的文本来分析游客对特定事物或者话题的关注程度和内容[5]，这种方法成为把握游客以及潜在游客对旅游形象感知的新的手段。

本研究的目的是通过对收集的数据进行科学的分析，客观地研究海外游客视角下青岛作为一个旅游地的现状、优势和不足，为青岛的旅游管理部门宏观决策提出建议，最终为振兴中国入境旅游市场提出理论依据和参考。

## 二、文献综述

### （一）旅游地形象

旅游地形象的提出起源于 1971 年 Hunt[6] 的研究。随后，一直成为旅游该领域广受关注的一个热门话题。普遍认为，旅游地形象是指个人经过多方面信息的获取和知识的积累，对旅游地产生的总体感知或全部印象的总和[7-11]。

有关旅游地形象的构成，Echtner 和 Ritchie 在认知层面进行了相对性的区分。他们认为旅游地的形象可分为：表层形象（可被观察和测量的实体形象）与感知形象（不可被直接观察和测量的心理感知）；一般形象（作为旅游地所拥有的普遍形象）与独有形象（区别于其他旅游地而独有的形象）；属性形象（例如天气、食宿设施、居民态度等具体形象）和整体形象（对旅游地产生的整体形象）。而后，为了对旅游地形象进行有效的测量，将旅游地形象分为表层形象和象征形象。而 Baloglu 和 McCleary 阐述了另一种分类模式，即原生形象、引致形象和复合形象。原生形象是潜在游客在没有访问过旅游地之前，通过新闻杂志、电视等非广告媒体的信息形成的对旅游地的形象；引致形象是从旅游机构等制作而成的有目的的营销广告等信息产生的形象；复合形象一般指通过旅游经验产生的复合形象。他们还认为原生形象和引致形象在构成整体形象的同时，游客对引致形象的判断和反应受原生形象的影响。

关于旅游地形象的测量，海外的研究已经比较完善和成熟。学者利用不同的因子测量了旅游地的形象。其中包括旅游活动，景观及周边环境、自然风景、文化资源、夜生活及娱乐活动、购物设施、旅游信息、体育设施、交通、膳宿、美食、性价比、气候、休养、便利性、安全性、社交、居民的好客度、独特性以及服务质量[7-12]。其中Beerli和Martin通过整理文献将旅游地形象的测量维度分为自然资源、一般设施、旅游设施、游客休闲活动、文化·历史·艺术、政治·经济、自然景观、社会环境以及氛围9个因子，并得到了大家广泛的应用。结合旅游地形象的理论研究，本研究将旅游地形象定义为游客对旅游地产生的总体印象。并根据Beerli和Martin提出的9个因子提取表层形象的关键词，并留意对感知形象的提取，最终使用到最终的分析中。

### （二）旅游地形象相关研究

作为一个旅游领域的热门话题，旅游地形象研究一直广受相关领域学者的关注。按照研究的侧重点来看，早期的研究将侧重点放在旅游地的形象因子对旅游的满足度，再游意愿以及行动意图产生的影响关系[13-16]，或利用重要性—满足度分析（IPA）模型来测量旅游地形象[17-19]。使用定量法进行的旅游地形象研究从服务提供者角度出发，提出了提高旅游地积极形象以及旅游地竞争力的方案，但是却无法从受用者的（游客）角度调查游客对旅游地形象的评价[20]。于是，近几年有关旅游地形象研究的重心开始倾向于对游客撰写的博客、宣传单、杂志以及新闻的内容分析[21-23]，或者是通过网络文本的挖掘从游客角度分析对旅游地的形象感知[24-26]。

回顾近年来国内有关旅游地形象的研究，学者们也开始进行基于网络文本的旅游地形象感知研究。赵刘[27]通过分析网络文本构建出了无锡旅游形象IPA模型。张文亭[28]以我国永定土楼为案例，通过分析游客的网络游记和在线评论文本，对游客的旅游目的地形象感知和官方传播内容进行了比较。冯晓兵[29]以马蜂窝网站游客对峨眉山的点评文本为数据，分析了游客对峨眉山的形象感知。姚田田[30]、李萍[31]、庞兆玲[32]分别以泉州、北京、宏村为案例进行了文本挖掘。这些研究充分说明了在成熟的网络环境下，文本挖掘技术对旅游地形象感知研究的科学性、可行性和有效性。

从研究范围看，国内关于旅游地形象的文本挖掘研究目前还只停留于分析国内游客。然而在一个旅游城市趋于国际化的时代，了解海外游客对中国旅游地的形象感知是非常有必要的。从分析方法上看，研究者普遍使用了文本挖掘和语义网络分析来提取高频词汇，再分析高频词汇之间的关系矩阵。而语义网络分析也只是观察所有高频词汇之间的整体布局，并没有在此基础上对有价值的信息进行更深层次的挖掘。比如，当一个情感词（如“开心”“难过”等）或者是具有对旅游地评价意义的单词（如“发达”“落后”等）出现在高频词汇中时，缺乏对评价指向性（如“漂亮”指的是某个建筑、自然景观还是夜景？）的研究。

本研究以我国著名的旅游城市青岛为例，通过现代化的分析方法深度挖掘了韩国游客对青岛形象感知的文本数据。在1-模网络分析的基础上，利用2-模网络分析进一步了解了特定词汇的指向性并客观地做出了比较，更加深入地分析了具体情感单词的指向性，是利用文本挖掘融合旅游地形象研究的创新。另外，作为一个国际旅游研究与跨文化研究，有着区别于其他研究的特殊意义。

## 三、研究方法及步骤

本研究以韩国游客网络游记和在线评论以及官方传播文本为研究样本，采用内容分析法进行研究。内容分析法是一种将不系统的定性符号内容：如文字、图像等转化为系统的、定量的数据资料的研究方法[33]。本研究为了进一步掌握游客的情感以及评价的指向性，在进行整体语义网络分析的基础上，进行了 2– 模语义网络分析。区分于行与列对称的 1– 模网络，2– 模语义网络以非对称矩阵形式存在，即矩阵中的行与列的单词为不同属性的单词（例如，表示工作性质的单词为行；表示年收入的单词为列来组成矩阵）。本研究中的 2– 模语义网络选取了情感单词或者评价单词（多为形容词）作为矩阵的列，其他体现旅游地形象的名词作为行，从而通过观察情感单词与一般名词的相关关系来确定情感单词的指向性。

分析步骤上：首先，为了进行文本挖掘，使用 TextoM[①] 收集了韩国国内使用最广泛的两个搜索引擎（NAVER 和 DAUM）附带的博客和社区论坛里有关“青岛旅游”的文本。其次，进行了自然语言处理得出分词之后的单词列表；从中筛选出与旅游地形象相关的高频词汇；得出高频词汇之间的相关系数矩阵。最后，将得到的矩阵中的韩语翻译成中文之后使用 Ucinet 6.0 和可视化工具 NetDraw 进行了语义网络分析。

### （一）数据采集

为了分析韩国游客对中国青岛的形象感知，数据的收集选择了韩国最为普遍使用的 NAVER 和 DAUM 两个网络平台的博客和论坛。其内容普遍为个人的游记、信息以及专业知识的分享，内容既有客观事实，也有主管的评价和情感表露，能够从多方面的角度了解韩国游客对青岛的印象以及评价。收集数据的期限设置为 2017 年 1 月 1 日至 2017 年 12 月 31 日。收集的关键词设定为“青岛旅游”。

### （二）数据处理

本研究利用收集到的数据，首先通过查重，剔除由于转载和多平台上传出现的重复文本。其次，对分词后得到的词汇进行了筛选。从原有的词汇清单中剔除分析意义不大的单词（如青岛、旅游、山东、中国等）；不赋予意义的单词（如一行、给我、今天、一直等）；对表述不同的单词进行统一（如将“串”“烤串”“烧烤”统一为“烤串”以及韩国语中字面翻译和读音翻译等）。通过筛选，最终选取了词频最高的 100 个单词。

① TextoM：TextoM 是一款能够对文本数据进行数据采集、储存，自然语言处理和分词，计算词频以及相关数据（TF-IDF，N gram，Degree Centrality 等统计用数据），基于词频的皮尔森相关系数矩阵的大数据分析软件。TextoM 是目前被韩国文本挖掘以及语义网络分析的学者广为认可并广泛使用的软件，从 2013 年直到如今一直被使用在各个领域百余篇论文。

通过比较词频和单词的特性进行了分析。

### （三）数据分析

利用 Ucinet 6.0 和 NetDraw 软件对所选取的 100 个词汇进行了语义网络分析。首先得出全体单词的整体语义网，从词汇的词频、连接程度和语义网中的位置来观察整个语义网络。其次对出现的情感词进行 2- 模网络分析，即观察与情感词汇相关系数最高的词汇进行比较。

## 四、结果与分析

### （一）数据概要

通过对韩国 NAVER 和 DAUM 两个主要网络搜索平台的博客和论坛，以“青岛旅游”为关键词来收集数据，结果如表 1 所示。2017 年韩国 NAVER 和 DAUM 两个网络搜索平台中博客和论坛有关“青岛旅游”的文章共收集到了 85286 篇。从中剔除由于转载等原因导致的重复项，实际应用到分析的文章总数为 73417 篇。如此多的文本数据表明韩国游客对青岛的关注度和热情都很高。

表 1　数据量收集结果

| 平台 | 细分 | 数据量 / 篇 |
|---|---|---|
| NAVER | 博客 | 27282 |
| | 论坛 | 6697 |
| DAUM | 博客 | 44360 |
| | 论坛 | 6947 |

### （二）文本挖掘

对收集到的数据进行处理之后得到的前 100 个高频单词，如表 2 所示。值得注意的是，表中出现的词汇是高频词汇，仅说明这些词汇的出现频率高、网友提及的次数多，也仅代表网友对这些旅游因素的关注度相对高一些。没有出现在表中的词汇并不代表没有意义。

表 2　前 100 高频词汇分析结果

| 排序 | 词汇 | 词频 | 排序 | 词汇 | 词频 | 排序 | 词汇 | 词频 |
|---|---|---|---|---|---|---|---|---|
| 1 | 烤串 | 50065 | 35 | 高级 | 940 | 69 | 八大关 | 358 |
| 2 | 啤酒 | 32451 | 36 | 文化 | 753 | 70 | 担心 | 354 |
| 3 | 美食店 | 23935 | 37 | 建筑物 | 750 | 71 | 南京东路 | 340 |
| 4 | 很棒 | 12341 | 38 | 幸福 | 745 | 72 | 啤酒炸鸡 | 330 |
| 5 | 好吃 | 10746 | 39 | 生啤酒 | 734 | 73 | 餐厅 | 329 |
| 6 | 酒店 | 7308 | 40 | 炸货 | 720 | 74 | 海水浴场 | 321 |

续表

| 排序 | 词汇 | 词频 | 排序 | 词汇 | 词频 | 排序 | 词汇 | 词频 |
|---|---|---|---|---|---|---|---|---|
| 7 | 推荐 | 4288 | 41 | 历史 | 703 | 75 | 蛤蜊 | 312 |
| 8 | 机场 | 3521 | 42 | 出差 | 656 | 76 | 方便 | 293 |
| 9 | 博物馆 | 3510 | 43 | 满足 | 617 | 77 | 近便 | 293 |
| 10 | 朋友 | 3397 | 44 | 风景 | 616 | 78 | 黄岛 | 292 |
| 11 | 自由行 | 3199 | 45 | 按摩 | 575 | 79 | 散步 | 279 |
| 12 | 价格 | 3003 | 46 | 便宜 | 555 | 80 | 开发 | 264 |
| 13 | 街道 | 2891 | 47 | 崂山 | 553 | 81 | 春华路 | 262 |
| 14 | 料理 | 2424 | 48 | 夜景 | 546 | 82 | 渔村 | 259 |
| 15 | 广场 | 2338 | 49 | 中华料理 | 539 | 83 | 夜宵 | 256 |
| 16 | 城阳 | 2329 | 50 | 可惜 | 535 | 84 | 改革 | 254 |
| 17 | 公园 | 2307 | 51 | 猪蹄 | 520 | 85 | 空气 | 252 |
| 18 | 天气 | 1928 | 52 | 云霄路 | 519 | 86 | 建设 | 251 |
| 19 | 火锅 | 1809 | 53 | 夜市 | 495 | 87 | 露营 | 234 |
| 20 | 咖啡店 | 1725 | 54 | 即墨路 | 481 | 88 | 发展 | 234 |
| 21 | 酒吧 | 1567 | 55 | 魅力 | 457 | 89 | 85℃ | 231 |
| 22 | 高尔夫 | 1445 | 56 | 组团旅行 | 454 | 90 | 六合亭 | 228 |
| 23 | 家庭旅行 | 1401 | 57 | 海鲜 | 438 | 91 | 沙滩 | 224 |
| 24 | 服务 | 1356 | 58 | 跨海大桥 | 436 | 92 | 演出 | 221 |
| 25 | 氛围 | 1335 | 59 | 贵 | 426 | 93 | 好玩 | 204 |
| 26 | 庆典 | 1288 | 60 | 亲切 | 407 | 94 | 万象城 | 203 |
| 27 | 栈桥 | 1240 | 61 | 小镇 | 400 | 95 | 漂亮 | 201 |
| 28 | 签证 | 1206 | 62 | 小吃街 | 389 | 96 | 水饺 | 197 |
| 29 | 包子 | 1144 | 63 | 中山公园 | 387 | 97 | 背包旅行 | 166 |
| 30 | 情报 | 1133 | 64 | 香料 | 386 | 98 | 自行车 | 165 |
| 31 | 高粱酒 | 1072 | 65 | 面条 | 385 | 99 | 交通 | 165 |
| 32 | 不错 | 1020 | 66 | 回忆 | 360 | 100 | 博览会 | 165 |
| 33 | 海边 | 993 | 67 | 煎饺 | 358 | | | |
| 34 | 购物 | 964 | 68 | 外卖 | 358 | | | |

本研究参考并借鉴了张晓和陈增祥在国家旅游形象测量工具及其应用研究中提出的分析圈层。作为异国形象的研究，需要在原有的认知和情感的抽象的层次基础上，加入标志物和载体两个具象层次来体现异国的文化和特点。本研究虽然是考察青岛市的形象感知，却是以韩国游客为研究对象。所以在旅游地形象的分类上有必要体现国际化因素。故认为借鉴国家旅游形象圈层是最优选择。因此，本研究以国家旅游形象的分析圈层（即认知形象层、情感形象层、体验载体层、标志物层）为标准，对高频词汇进行了分类。结果如表 3 所示：

**表 3　旅游目的地形象分析圈层结果**

| 第一分类 | 第二分类 | 内容 |
|---|---|---|
| 标志物层 | 饮食 | 烤串、啤酒、生啤酒、海鲜、蛤蜊 |
| | 景点 | 栈桥、海边、崂山、跨海大桥、中山公园、八大关、海水浴场、黄岛、六和亭、沙滩 |
| | 街道、地区 | 城阳、云霄路、即墨路、南京东路 |
| 体验载体层 | 美食体验 | 美食店、酒吧、火锅、咖啡馆、包子、高粱酒、炸货、小吃街、香料、面条、煎饺、餐厅、夜宵 |
| | 娱乐体验 | 高尔夫、庆典、购物、按摩、夜市、散步、露营、演出 |
| | 历史文化体验 | 博物馆、公园、博览会 |
| 情感形象层 | 积极情感 | 幸福、满足 |
| | 消极情感 | 可惜、担心 |
| 认知形象层 | 主观评价 | 很棒、好吃、推荐、不错、亲切、魅力、方便、近便、好玩、漂亮、高级 |
| | 客观认知 | 开发、改革、建设、发展 |

由表 3 可以总结出以下几点：

首先，从标志物层面出现的高频词汇可以反映出韩国游客对青岛特色旅游因素的认知。韩国游客提及的对青岛的标志物词汇可以细分为饮食、景点、街道和地区。从出现的众多景点中我们可以看出，在韩国游客眼中，青岛是以观光为主的旅游城市；而独特的饮食文化也是让韩国游客印象深刻的因素。

其次，从体验载体层面出现的高频词汇可以整理为美食体验、娱乐体验和历史文化体验。其中美食体验的词汇量明显要比其他两个体验载体分类要多。这样的结果和标志物层面的分析结果一致。从而可以看出韩国游客对青岛美食的关注度要比其他旅游因素都高。娱乐体验包括了韩国游客在青岛可以享受到的娱乐项目。其中高尔夫的词频最高。历史文化体验项目相对较少，仅限于博物馆、公园和博览会。从而可以看出青岛在韩国游客心中并非一个以历史文化积淀为核心竞争力的旅游城市，而是一个复合型的现代化海边城市。

再次，从情感层面来看，最多被提及的情感词既有表示积极情感的“幸福”和“满足”，也有表示消极情感的“可惜”和“担心”。而对于消极情感的词汇，本研究在下面语义网络分析中做出了分析和解释说明。

最后，从认知形象层面来看，出现了比较丰富的，带有积极色彩的评价，总体上韩国游客对青岛的印象是非常好的。从提及的词汇中可以准确地得出：青岛在韩国游客心目中是一个“可以品尝到美食的”（好吃）“值得推荐的”（推荐）“亲切的”“具有魅力的”“方便出行的”“漂亮又好玩”的城市；而在其他认知方面，韩国游客也认为青岛是一个正在改革、发展、建设的城市。

另外，“自由行”“背包旅行”等旅游形态也出现在了高频词汇中。这说明脱离旅行社组团形式的“自由旅行”逐渐成为新的趋势。也从另外一个层面说明，由于两国的政治敏感期（萨德事件），团队旅游的形式减少的同时，增加了韩国游客对自由行的关注。

**（三）语义网络分析**

根据文本挖掘得到的高频词汇，为了各词汇之间的相关联系，本研究对得到的 100 个高频词汇进行了语义网络分析。从而直观地观察各词汇间的关联程度，在语义网络中所处的位置以及特定关键词之间的比较。

通过 Ucinet 6.0 和 NetDraw 语义网络分析软件得出的 100 个高频词汇的整体语义网，如图 1 所示：每一个节点代表一个词汇。节点的大小和该词汇的词频有关，即词汇的词频越高节点越大。词汇的位置与其连接的节点数有关，即词汇的位置越是靠近语义网络的中央位置，就越说明与该词汇直接相连的词汇越多，说明围绕该词汇展开的话题越丰富。从图 1 中可以看出：韩国游客在博客和论坛讨论的内容主要是围绕烤串、啤酒、美食店、酒店、自由行、家庭旅行等话题展开。这些词汇也正是占据了高频词汇榜前几名的词汇。

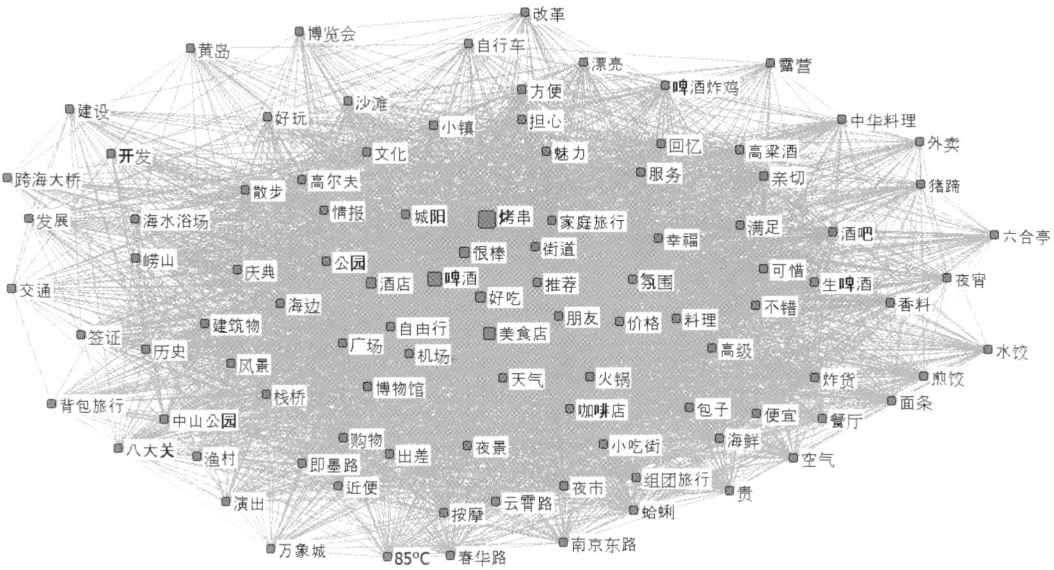


图 1　前 100 个高频词汇的语义网

2- 模网络分析相比整体语义网络分析最大的区别就是 2- 模网络分析是以非对称型关系矩阵进行分析，从而对几个具有特殊研究意义的词汇进行比较。本研究为了掌握韩国游客感情表达的对象词汇以及特殊词汇间的差异，选择了情感形象层和认知形象层的部分有意义的词汇为关键词，希望能够看到他们之间的差异。分析结果如图 2 和图 3 所示。其中四角形节点为所选择的情感词，圆形为相关连接词汇。连接线越粗，越说明两个词汇之间共同出现的频率越高，反之则说明共同出现的频率越低。以情感词为关键词的 2- 模网络分析中，考虑到简明性和扼要性，本研究选择了 8 个有意义的关键词和与之相连的前 30 个词汇。从图 2 可以看出与“很棒”相连的词汇最多，与“推荐”相连接的词汇也有相当的数量。这一结果表明韩国游客对青岛的整体形象给予了比较积极的评价。连接频率最高的词汇为“烤串”“啤酒”“美食店”“酒店”。但是从中我们也看到了“可惜”和“担心”与“美食店”和“啤酒”“烤串”有较高的同时出现频率。尤其是“烤串”和“担心”的相连说明韩国游客对餐饮质量和卫生状况的质疑和担心。

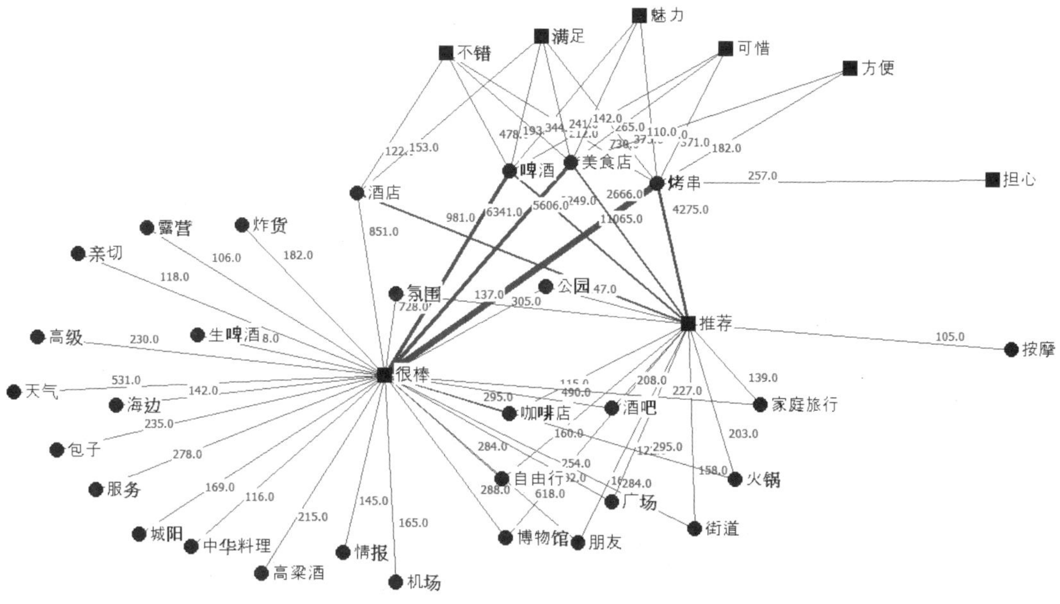


**图 2　围绕情感词构建出的 2- 模语义网**

通过图 3 的分析可以看出：韩国游客普遍认为烤串、料理的费用相对贵一些，绝大多数人认为酒吧和火锅属于高消费。而家庭旅行、酒店、啤酒的价格相对便宜，自由行和购物的成本也很便宜。由此可见，韩国游客认为美食和娱乐消费是青岛旅游高消费项目，而旅行必要成本（机票、住宿等）相对要低一些。

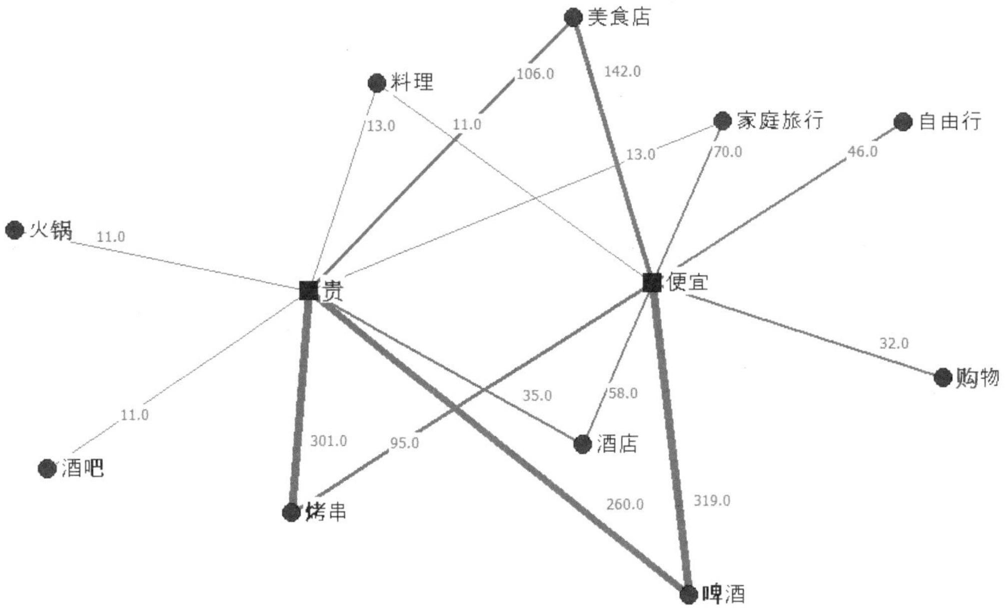


图 3　对于消费承受力的 2– 模语义网络分析

## 五、结论与讨论

本研究以青岛为例，深度挖掘了 2017 年度韩国游客在社交网络平台发表的对青岛客观评价和主观情感相关的文本数据。通过文本挖掘和语义分析等方法研究了青岛在韩国游客心目中的旅游地形象感知。主要结论如下：

（1）从前 100 个高频词汇结果来看，在韩国游客印象中啤酒和烧烤成为青岛最响亮的代名词。这与青岛的实际饮食文化也非常吻合。以烧烤为例，青岛市围绕啤酒形成的文化由来已久。而且频率相对较高的词汇中可以直观判断的有关饮食的词汇占据着相当一部分比例，这也说明韩国游客到青岛进行的主要休闲活动为“美食体验”。

（2）内容以美食体验与娱乐体验为主，缺乏历史文化体验。除了高频率出现的有关美食的体验之外，被韩国游客提及最多的娱乐项目为高尔夫，其次为庆典、购物、按摩、夜市、散步、露营、演出等。体现了青岛市旅游休闲活动的多样性。但是对青岛的历史文化的关注较低。

（3）韩国游客对青岛的整体印象基本表现得比较积极。青岛在韩国游客心目中是一个可以品尝到美食、值得推荐、亲切、具有魅力、方便出行且漂亮又好玩的城市；而在其他认知方面，韩国游客也认为青岛是一个正在改革、发展、建设的城市。

（4）韩国游客认为青岛出行方便，消费品价格便宜，餐饮消费较高。无论是高频词汇中出现的“近便”还是“自由行”的出现都说明青岛是韩国游客认为非常方便出行的海外旅游地。这也是韩国游客常年占据着青岛入境游客榜榜首的原因。从消费价格层面来看，韩国游客认为家庭旅行、自由行、入住酒店以及购物的费用相对便宜，而美食的费用相对高一些。由此可以看出韩国游客在青岛的消费趋向于市民消费。

综合以上结果，本研究对青岛旅游地的建设提出以下建议：

（1）坚持特色，强化印象。根据韩国游客已形成的“吃烧烤，喝啤酒”的形象，青岛可以坚持这一特色并开展大力的宣传和规模化经营来加深海外游客的印象。由于青岛啤酒在全世界范围内的品牌效应，将青岛啤酒和特色烧烤结合起来，在旅游旺季举办啤酒烧烤庆典，打造具有规模的烧烤城，实现规模化经营都将强化对青岛的印象。但是，从图2中“烤串”与“担心”也能够看出韩国游客对美食喜欢之余又有一些食品安全的担心，所以应该严格监管食品规范和食品安全，打造绿色可持续发展的旅游环境。

（ ）注重“自由行”为主要趋势下的市井文化的发展。由于“90后”拥有了消费能力，以这些向往自由、不受束缚的一代人为代表开始流行以自助旅游为主题的“自由行”。他们不再一味地游览名胜古迹，更希望能够走入民间来体验当地民众的一般生活并从中发现乐趣，理解当地文化。因此，青岛旅游管理部门有必要进一步完善旅游基础设施和提升旅游服务。例如在机场或公交站增设专为外国游客提供的信息指南，优化适合外国游客的导航、饮食、住宿为一体的综合旅游平台，提供外国人手机支付简化服务，鼓励建设青年旅馆、民宿等低消费住宿设施等。将青岛打造成一个非常方便、舒适的旅游地。

（3）从分析结果可以看出，韩国游客很少提及青岛的历史文化。因此，文化和旅游管理部门应协力加强历史文化的宣传，打造“有故事的青岛”。从秦始皇时期徐福的出海，到汉武帝时期的“祀神人于交门宫”，再到五四运动、宋金海战、青即战役等。另外，还可以让历史文化“走出去”。例如在海边的特定区域建设壁画墙，将青岛的主要历史事件通过壁画主动展现给游客，使游客在轻松和亲切的自然环境下“邂逅”历史。

**参考文献：**


［1］Crompton J L. Motivations for pleasure vacation［J］. *Annals of Tourism Research*，1979，6（4）：408–424.

［2］张晓，陈增祥.国家旅游形象测量工具及其应用［J］.未来与发展，2017（3）：92–98.

［3］青岛统计局.青岛统计年鉴2017［Z］. 北京：中国统计出版社，2017.

［4］Shin Joong–Sung. Tourism image on KOREA and JAPAN［J］. *International Journal of Tourism and Hospitality Research*，1995（5）：75–86.

［5］Son Ki–jun，Cho In–ho，Kim chan–woo，Jun chae–nam. Design and Implementation of Hadoop-based Platform “Textom” for Processing Big–data［J］. *The Korea Contents Association*，2015（5）：297–298.

［6］Hunt J D. Image：A factor in tourism［D］. Fort Collins：Colorado State University，1971，207.

［7］Baloglu S，McCleary K W. U. S. International pleasure travelers' image of four Mediterranean destinations：a comparison of visitors and non-visitors [ J ] . *Journal of Travel Research*，1999，38（2）：144–152.

[ 8 ] Echtner C M，Ritchie J R B. The meaning and measurement of destination image [ J ] . *Journal of Tourism Studies*，1991，2（2）：2–12.

[ 9 ] Gertner D. Unfolding and configuring two decades of research and publications on place marketing and place branding [ J ] . *Place Branding and Public Diplomacy*，2011，7（2）：91–106.

[ 10 ] Mayo E J. Regional images and regional travel behaviour [ G ] . The Travel Research Association Fourth Annual Conference Proceedings，Sun Valley，Idaho，1973：211–218.

[ 11 ] Crompton J L. An assessment of the image of Mexico as a vacation destination and the influence of geographical location upon that image [ J ] . *Journal of Travel Research*，1979，17（4）：18–23.

[ 12 ] Beerli A，Martin J D. Factors Influencing Destination Image [ J ] . *Annuals of Tourism Research*，2004，31（3）：657–681.

[ 13 ] Bigne，J. E.，Sanchez，M. I.，Sanchez，J. Tourism image，evaluation variables and after purchase behaviour：inter–relationship [ J ] . *Tourism Management*，2001，22：607–616.

[ 14 ] O' Leary S，Deegan J. Ireland' s image as a tourism destination in France：Attribute importance and performance [ J ] . *Journal of Travel Research*，2005，43（3）：247–260.

[ 15 ] Tasci A D A，Gartner W C. Destination image and its functional relationships [ J ] . *Journal of Travel Research*，2007，45（4）：413–425.

[ 16 ] Eun Kyung jang，Kang Wook Lee，Heung Sik Park. Relation between Tourist Destination Image before and after Visiting Hongdo and Tourist Satisfaction and Revisit Intention Using Importance–Satisfaction Transformed Index [ J ] . *Korea Tourism Research Association*，2013，2：221–237.

[ 17 ] Dwivedi M.Online destination image of India：A consumer based perspective [ J ] . *International Journal of Contenporary Hospitality Management*，2009，21（2）：226–232.

[ 18 ] Enright M J，Newton，J. Tourism destination competitiveness：a quantitative approach [ J ] . *Tourism management*，2004，25（6）：777–788.

[ 19 ] Lin C H，Morais D B. Kerstetter，D. L.，& Hou，J. S. Examining the role of cognitive and affective image in predicting choice across natural，developed，and theme–park destinations [ J ] . *Journal of Travel Research*，2007，46（2）：183–194.

[ 20 ] Mak A H. Online destination image：Comparing national tourism organisation' s and tourists' perspectives [ J ] . *Tourism Management*，2017，60：280–297.

[ 21 ] Dickinger A，Költringer C，Körbitz W. Comparing online destination image with conventional image measurement – The case of Tallinn [ DB ] . In ENTER，2011，January，165–177.

[ 22 ] Dwivedi M. Online destination image of India：A consumer based perspective [ J ] . *International Journal of Contemporary Hospitality Management*，2009，21（2）：226–232.

[ 23 ] Schuckert M，Liu X，Law R. A segmentation of online reviews by language groups：How English and non–English speakers rate hotels differently [ J ] . *International Journal of Hospitality Management*，2015，48：143–149.

［24］Kladou S，Mavragani E. Assessing destination image：An online marketing approach and the case of TripAdvisor［J］. *Journal of Destination Marketing & Management*，2015，4（3）：187–193.

［25］Költringer C，Dickinger A. Analyzing destination branding and image from online sources：A web content mining approach［J］. *Journal of Business Research*，2015，68（9）：1836–1843.

［26］Kim Hong–bumm，Sim Young–Seok. A Study on the Big Data Analysis of Tourist Destination Image Throuhg Data Mining by Association Rules［J］. *Journal of Tourism and Leisure Research*，2018，12：57–76.

［27］赵刘，程琦.基于网络文本的无锡旅游形象IPA模型分析与对策［J］.旅游论坛，2017，10（6）：74–84.

［28］张文亭，骆培聪.基于网络文本的目的地旅游形象游客感知与官方传播对比研究——以福建永定土楼为例［J］.福建师范大学学报（自然科学版），2017，33（1）：90–98.

［29］冯晓兵.基于网络点评的旅游形象游客感知研究——以峨眉山为例［J］.西部经济管理论坛，2017，28（1）：70–76.

［30］姚田田，方旭红.基于网络文本的历史文化名城旅游形象研究——以泉州市为例［J］.广西经济管理干部学院学报，2016，28（4）：75–81.

［31］李萍，陈田，王甫园，等.基于文本挖掘的城市旅游社区形象感知研究——以北京市为例［J］.地理研究，2017，36（6）：1106–1122.

［32］庞兆玲，仲明明，潘立新.基于网络文本的古村落型世界文化遗产地旅游形象感知研究——以宏村为例［J］.大理大学学报，2017，2（3）：25–30.

［33］郭风华，王琨，张建.成都“五朵金花”乡村旅游地形象认知——基于博客游记文本的分析［J］.旅游学刊，2015，30（4）：84–94.

# “冰天雪地也是金山银山”：冰雪旅游的“哈尔滨模式”研究

刘花香

（中国旅游研究院，北京，100005）

**摘　要：**在2022冬奥会以及全域旅游的双轮驱动作用下，冰雪旅游的消费热忱不断升级，冰雪经济的活力持续释放。哈尔滨是“冰雪之冠”上的明珠，本文以“冰天雪地也是金山银山”哈尔滨探索为主线，阐述了“哈尔滨模式”的意义，梳理了哈尔滨冰雪旅游的发展脉络，陈述了探索的实践，总结了探索的经验，并对未来发展提出以下几点展望：从国内知名冰雪旅游城市向世界冰雪文化旅游名城迈进；加强若干旅游集团培育和冰雪旅游品牌输出；从硬件建设向硬件和软件并重转变。

**关键词：**“冰天雪地也是金山银山”；冰雪旅游；哈尔滨模式

## 一、“冰天雪地也是金山银山”哈尔滨模式的意义

### （一）系统总结哈尔滨冰雪旅游发展的宝贵经验

哈尔滨依托良好的地理优势以及优越的资源禀赋，早在20世纪90年代就率先拉开了我国冰雪旅游发展的序幕。作为我国滑雪旅游业发展的先驱，哈尔滨独家出品的冰雪大世界、太阳岛雪博会、冰灯游园会、亚布力滑雪度假区等观光体验类冰雪旅游产品驰名中外，为早期我国冰雪旅游的对外交流打开了天窗。伴随岁月的齿轮不断向前滚动，冰雪旅游已然演变成为哈尔滨的一张标志性名片，作为我国发展冰雪旅游的传统强市，通过对其探索“冰天雪地也是金山银山”的实践展开研究，有利于系统总结宝贵经验，为进一步促进哈尔滨冰雪旅游高质量发展提供内容反馈[1]。

### （二）更好服务于哈尔滨经济发展大局

哈尔滨作为我国冰雪旅游发展的传统强市，依托浓厚的冰雪文化氛围以及深厚的历史发展底蕴，成功吸引了大量游客的眼球，成为当前冬季“赏冰雪、娱冰雪”的网红打卡城市，随着冰雪旅游热度的不断攀升，市场需求的不断增强，哈尔滨冰雪旅游的体量规模也随之不断壮大，并逐渐发展成为一支驱动经济增长的重要力量，冰雪企业投资的增加以及冰雪消费客流的增长，极大拉动了当地经济和社会的发展。在这一背景下，在研究哈尔滨冰雪旅游发展的基础上，深入剖析冰雪旅游与经济发展的关系，有利于更好地服务于哈尔滨经济发展大局。

---

［**基金项目**］本文是“2020中国（哈尔滨）冰雪旅游发展论坛”、国家社会科学基金项目“新常态、新方位下旅游经济增长潜力与发展动力研究”、文化艺术和旅游研究项目“文化和旅游高质量发展研究”成果。

［**作者简介**］刘花香（1990—），女，汉族，湖南攸县人，中国旅游研究院博士后。研究方向：冰雪旅游、体育旅游，E-mail：254880672@qq.com。

### （三）为黑龙江旅游业高质量发展做好表率

良好的地理和气候环境优势赋予了黑龙江发展冰雪旅游的先天禀赋和基础要素。作为我国冰雪旅游发展的大省、强省，黑龙江素有“冰雪之冠”之美誉。而哈尔滨，作为黑龙江的省会城市，集聚国际冰雪节、冰雪大世界、太阳岛雪博会等顶尖的冰雪艺术，包括江上冰雪嘉年华、亚布力滑雪旅游度假区等城市冰雪娱乐体验为一体，被誉为“冰雪之冠上的明珠”，这座中西合璧、流光溢彩的国际大都市包容、开放、热情、浪漫，不仅处处洋溢着浓郁的冰雪艺术及异域风情，更有独特的欧式建筑、音乐文化、俄罗斯风土人情等文化积淀。本土特色和异域元素的相融共生形成的别具一格充分彰显出哈尔滨冰雪旅游高质量发展的特点，为黑龙江省旅游业的高质量发展树立了良好的榜样[2]。

### （四）为各地发展冰雪旅游提供鲜活案例

自 2015 年中国成功获得 2022 冬奥会举办权以来，推动“三亿人参与冰雪运动”上升为国家发展战略，为积极贯彻“三亿人参与冰雪运动”的号召，省市地方高度重视，将冰雪旅游这一具有高度普适性和喜闻乐见的活动视为推动“三亿人参与冰雪运动”的重要抓手。作为新时代下的新事物，冰雪旅游在政府引导和消费升级的双重驱动作用下，进入迅速发展的快车道，大量参差不齐的冰雪场馆拔地而起，冰雪旅游景区屡屡爆满，冰雪旅游乱象随处可见，产业发展短板尽显眼底，作为新兴崛起的冰雪旅游城市，急需输入成熟经验，为其健康发展灌入营养物料。在这一背景下，针对我国冰雪旅游发展强市展开研究、总结经验，有利于为其他地方发展冰雪旅游提供成熟样板。

## 二、哈尔滨冰雪旅游的演变脉络

### （一）萌芽阶段：冰灯拉开旅游序幕

以冰资源为原料加工形成的冰灯、冰橇、冰帆等开创了哈尔滨冰雪旅游发展的先河。1963 年的冰灯游园会，是哈尔滨在全国首创的冰雪盛会，也是我国历史上第一次呈现的有组织、有秩序的冰灯游园会。当时人们以脸盆、木桶等多种简单道具为器皿，利用天寒地冻的自然环境生成上千盏冰灯，这一壮丽场景轰动了整个哈尔滨城，吸引了上万人的眼球。而 1964 年举办的第二届冰灯游园会则采集松花江的自然冰，并结合电灯光源为照明材料而生成，随后在 1965 年和 1966 年各举办过一次，这一时期，冰灯游园会仅走过了 4 个冬季便被“文革”的狂风暴雨摧残折断了，一直到 1979 年“文革”以后，第五届冰灯游园会才重新复燃[3]。随后在 1978 年，冰橇开发为专项冰雪旅游项目；1979 年在哈尔滨市总工会、共青团哈尔滨市委、哈尔滨市体委大力推动下，冰帆运动迅速发展，成为海外旅游者青睐的冰雪游乐项目。由此可见，这一阶段，以冰元素为原材料加工开发形成的冰灯、冰橇、冰帆等冰雪产品逐渐开启了冰雪旅游发展的闸门[4]。

### （二）起始阶段：冰雪节吹响号角

随着哈尔滨冰灯、滑冰、打冰橇、乘冰帆、冬泳等多种冰上娱乐项目进入大众视野，雪上运动和休闲项目逐渐崭露头角，并提上政府部门的工作日程。1985 年 1 月 5 日，在冰灯游园会所在地的兆麟公园南门，正式对外宣布成立冰雪节，首届冰雪节期间，在开展冰上活动的基础上，还增加了雪上运动会、冰雪摄影比赛等，在短短一个月的时间里，接待国内外游客达 200 多万人次，伴随市场增量的不断扩展，冰雪活动供给内容丰度也进一步增强，1987 年的第三届冰雪节增设了玉泉狩猎场作为旅游景点，并举办首届国际冰雕比赛；1989 年第五届冰雪节则增设雪雕游园会、首届哈尔滨冰雪节、电影艺术节等；1993 年第九届冰雪节提出的“冰雪搭台、经济唱戏、繁荣经济”的理念，则进一步强化了以冰雪促经济助力哈尔滨发展的信念。这一时期，冰雪齐鸣，以第一届冰雪节为标志的哈尔滨冰雪旅游得到了全面升华。

**（三）发展阶段：滑雪跃入舞池中央**

这一阶段，以体验式冰雪旅游为内容的滑雪休闲进入大众生活。为服务于 1996 年在哈尔滨举办的第三届亚洲冬季运动会，1994 年 8 月正式启动滑雪场馆及运动员村等设施的建设，中国第一座兼具竞技赛事和旅游休闲的滑雪场在亚布力诞生[5]。这座具有欧美风情特征的现代化滑雪场馆成为我国滑雪旅游拉开帷幕的标志性事物，风车山庄成为滑雪的代名词，亚布力作为中国滑雪运动开启产业化模式的见证者，逐渐登上我国冰雪旅游的历史舞台，并在推动哈尔滨冰雪旅游的发展过程中扮演着越来越重要的角色[6]。作为当时中国最大、设施最先进、条件最为优越的雪上运动场所，亚布力不仅仅是运动员走向大赛的试金石，也是培育中国第一批滑雪运动爱好者及人才的摇篮。数据显示，1997 年风车山庄接待旅游者 10 万人次，作为第三届亚洲冬季运动会的产物，亚布力成为哈尔滨滑雪旅游的一张标志性名片。而 1998 年黑龙江设立“国际滑雪节”则进一步推动了哈尔滨滑雪旅游的发展，使哈尔滨树立滑雪旅游胜地的品牌形象迈出了重要的一步。

**（四）大发展阶段：冰与雪共起舞**

随着冰雪观光和滑雪体验的齐鸣，哈尔滨冰雪旅游呈现出全新的面貌。自 1999 年起，国家增加法定假日，加上对两个双休日的灵活调整，形成了国内旅游的黄金周，国民旅游需求得到前所未有的释放，社会投资开始在旅游领域蠢蠢欲动，推动了自然资源和历史文化资源的开发建设。在这一发展契机下，哈尔滨冰雪旅游迎头赶上。1999 年哈尔滨市政府为迎接千禧年，充分利用冰雪资源禀赋优势，创造出规模宏大、惊艳世人的凝聚多领域智慧为一体的冰雪艺术工程——哈尔滨冰雪大世界，这一“大手笔”的横空出世，把哈尔滨冰雪旅游推上了新的高潮。而 2009 年世界大学生运动会的举办，哈尔滨焕然一新的冰雪场馆硬件设施供给则全面带动了冰雪体育旅游、冰雪休闲旅游的发展，这次世界盛会还为境内外冰雪旅游的合作和交流搭建了载体平台[7]。随着大众消费结构的转型升级，哈尔滨冰雪旅游大发展趋势明显。

**（五）新发展理念推动阶段：冰雪综合效益凸显**

冰雪旅游作为哈尔滨的一张城市名片，在社会消费结构转型过程中，逐渐发展成为驱动经济增长的重要力量。2016 年 3 月 7 日，习近平总书记在参加全国两会黑龙江代表团讨论时指出，绿水青山是金山银山，黑龙江的冰天雪地也是金山银山。这无疑为哈尔滨冰雪旅游的未来发展指明了正确的方向和道路。2017年，以贯彻落实习近平总书记关于“冰天雪地也是金山银山”重要讲话精神为重点，以“冰雪之冠上的明珠”为主题，着力推进冰雪旅游供给侧结构改革，成功组织了世界城市冰雪旅游合作组织筹建大会，真正实现了把“冷资源”变成“热经济”。为进一步实现哈尔滨市旅游发展“再上新台阶、开创新局面”的总体目标，哈尔滨制定了《哈尔滨市2018年旅游营销推广方案》，构建“1236”的旅游营销推广系统，明确了“打造一个城市形象”（加快打造“世界冰雪文化旅游名城”城市形象）、“突出两大核心产品”（冰雪旅游和避暑旅游），不断扩大“冰城夏都”品牌影响力，以实现冰雪资源向冰雪经济的转化；而2019年，黑龙江多部门联合出台《关于进一步加快冬季旅游发展的指导意见》，旨在以冰雪资源为原料，以冰雪产品为笔墨，为书写黑龙江冰雪经济的华丽篇章谱曲。

## 三、模式实践：从冰雪冷资源到旅游热经济

### （一）从天寒地冻到美丽风景，生态红利催生美丽经济

哈尔滨作为冷资源集聚地，有着发展冰雪旅游的先天优势。自1963年开展第一个有组织的冰灯游园会以来，以冰雪要素为基础，融合多领域智慧创设出的冰雕、雪雕产品逐渐走向市场，并走进人们的生活中。1982年第八届冰灯游园会上，首次举办了哈尔滨冰雕比赛，展览中陈列的冰雕作品吸引了大量人群的驻足；1982年，以哈尔滨队为代表的中国雪雕团队创作的“牧歌”获日本札幌国际雪雕比赛A组亚军；1984年再次在加拿大魁北克雪雕比赛中获二等奖，哈尔滨作为中国冰雕雪塑艺术的策源地，是世界上举办冰雕最早、游人最多、影响最大的艺术展地，通过充分利用和挖掘冰雪资源的潜在价值，以植入技艺和思想为核心工序，冷资源变热产品的“华丽转身”顺利实现，具有观赏、体验、娱乐等多重价值的冰雪旅游产品脱颖而出，成为冬日里的一道亮丽风景线[8]。哈尔滨作为传播和弘扬冰雪艺术文化的基地，伴随冰雪旅游产品的不断升级，产业链条的向外延伸，体量规模的不断壮大，其在国内外的影响力和知名度也持续攀升，冰雪资源带来的经济效益日益显现，并逐渐成为驱动经济增长和社会发展的一支重要力量。

### （二）从改造“老字号”到培育“新字号”，冰雪品牌熠熠生辉

随着时代发展的日新月异，科学技术的不断创新，市场需求的持续更新，哈尔滨紧紧抓住拉动消费人气和收入增长的冰雪旅游产品，从这个体现核心竞争力的“牛鼻子”上下功夫，改造升级“老字号”，培育壮大“新字号”。冰雪旅游核心景观从过去的冰雪大世界、太阳岛雪博会、冰灯艺术游园会“三大品牌”逐渐发展到“八大景区”，规模体量、文化内涵和艺术水准都迈上了新台阶，中央大街46座冰雕雪塑、斯大林公园2019个雪人等成为全国“网红”。为了进一步升级旅游产品，哈尔滨深入开发伏尔加庄园、融创室外主题乐园等景区的冬季旅游功能，推出系列“新字号”项目和产品，新增“冰雪＋温泉、狩猎、艺术”等体验性强的新线路。而随着一些文旅产业项目的陆续落地，英杰温泉小镇、波塞冬海洋王国、大顶子山温泉等四季旅游产品逐渐丰富和充实了

冰雪旅游的支撑载体和内容。在冰雪旅游的带动下，中央大街、松北区万达茂、道里区王府井等文旅综合体的游客数量显著增加，冰雪艺术、冰雪民俗、冰雪温泉、冰雪经贸、冰雪会展、冰雪赛事等活动也陆续在哈尔滨这座充满冰雪文化气息和韵味的城市上演，哈尔滨的冰雪品牌伴随产品和业态的升级而熠熠生辉[9]。

**（三）从旅游品牌到城市品牌，城市与旅游融合发展**

为进一步推动冰雪旅游与城市发展深度融合，哈尔滨政府及相关部门加强顶层设计，完善发展思路，发挥“冰雪节”品牌的带动作用和外溢效应，推动冰雪旅游量增质优，冰雪旅游成功从景区景点走向整个城市，在城区重要节点、广场和出入城口就建设大型冰雪景观35处，营造出满城冰雕雪塑的欢乐氛围。这种不断延伸产业链，拓展增长极，完成了从单极旅游向文化、体育、教育、经贸等多极拓展，实现从满足游客体验需求向全民共建共享转变，率先在全国实现冰雪旅游的全域发展。作为布满冰雪元素的旅游名城，哈尔滨还是一座充满欧陆风情和音乐元素的浪漫之都，素有“东方小巴黎”之美誉，古典主义、文艺复兴式、巴洛克、拜占庭、新文艺运动派和俄罗斯式的典型建筑随处可见，西洋交响乐、西班牙小提琴家弗朗西斯科·弗亚纳音乐会、波兰手风琴三重奏等系列音乐歌剧频繁上演，中西文化的相融共生赋予哈尔滨这座城市独特的韵味，多重文化与冰雪旅游的交相辉映共同筑造出哈尔滨独一无二的“洋味儿”和时尚，冰雪旅游、交响乐团、西式建筑等成为传播哈尔滨城市文化的载体和媒介，也是哈尔滨对外交流的一张标志性名片。

**（四）从美丽经济到美好生活，现代化生活方式成为旅游新动力**

为进一步推进全域旅游发展，创建主客共享目的地，实现以资源要素为吸引物向兜售美好生活方式为卖点的拓展，哈尔滨积极推进基础设施和公共服务的建设与完善，哈佳快速铁路、哈牡客专如期开通，哈尔滨火车站改建一新，太平国际机场T2航站楼建成投用，地铁1号线三期投入运行，为当地居民和外来游客创造了交通上的便利；同时积极推进文化旅游云平台项目，实现“公共文化+旅游资源”共享，进一步完善旅游客运智能服务平台建设，提升旅游客运服务质量；云平台项目的落地，不仅仅为游客提供了智能化的服务，还为当地百姓的安居乐业创造了有秩序的环境。如城管依托云平台建设，整顿商业街区乱象，规范早晚夜市，取缔室外占道经营，治理牌匾广告混乱无序、低水平罗列状况等，进一步提升了游客和当地居民的休闲体验质量。另外，哈尔滨系统推进中央大街、中华巴洛克、花园街等历史街区整体性改造建设及业态布局，持续推出一批食住行游购娱特色旅游产品和新业态，如哈尔滨国际冰雪节冰雪节庆之旅、赏冰乐雪之旅、亲子研学之旅、高端摄影之旅、音乐艺术之旅、冰雪探秘之旅等不同主题的产品，为进一步实现主客共享美好生活创造了优质供给。

## 四、模式成就：“冰城夏都”品牌让冬天不太冷

### （一）经济效益：人气和收入同步增长

伴随冰雪旅游产品供给质量的优化和提升，哈尔滨市的“白色产品”释放出巨大的经济能量，不仅仅促进了冰雪旅游景区收入的增加，对哈尔滨市交通运输、酒店住宿、政府税收、岗位就业以及相关产业的发展做出了巨大的贡献。从表 1 的数据可以看出，2011—2019 年冰雪节期间，游客量和旅游收入呈现指数增长。其中，2019 年春节黄金周期间，冰雪大世界累计接待游客 19.5 万人次，收入 5365 万元；太阳岛累计接待游客 5.1 万人次，收入 544 万元；融创冰雪乐园累计接待游客 1.7 万人次，收入 299 万元；呼兰河口累计接待游客 1.0 万人次，收入 303 万元。在春节黄金周期间，哈尔滨市交通客运量保持高位运行，其中，铁路累计旅客吞吐量 122.5 万人次、同比增长 10.9%，民航累计旅客吞吐量 43.9 万人次、同比增长 3.1%；而部分宾馆酒店也呈现爆满态势，其中，马迭尔宾馆、香格里拉大酒店等酒店客房入住率超过 95%。哈尔滨冰雪大世界作为驰名中外的旅游吸引物，是哈尔滨的一张标志性名片，也是哈尔滨市最热门的景区，数据显示，近三届哈尔滨冰雪大世界的平均门票收入超过 3 亿元，累计实现利税 3.5 亿元，且每年带动城市近千个岗位的就业，拉动相关周边产业增长达 200 亿 ~300 亿元规模，为当地经济和社会发展创造了巨大的综合效益。

表 1　2011—2019 年哈尔滨冰雪节游客数量和收入变化情况一览表

| 年份 | 冰雪节游客量（万人次） | 同比增长速度（%） | 旅游收入（亿元） | 同比增长速度（%） |
|---|---|---|---|---|
| 2011 | 1297.8 | 7.9 | 121.17 | 9.5 |
| 2012 | 1389.5 | 7.1 | 133.7 | 10.3 |
| 2013 | 1461.2 | 5.16 | 154.65 | 15.7 |
| 2014 | 1622.7 | 11.05 | 178.8 | 15.62 |
| 2015 | 1598.8 | −1.5 | 175.1 | −2.1 |
| 2016 | 1648.3 | 3.1 | 247.8 | 41.5 |
| 2017 | 1849.4 | 12.2 | 286.7 | 15.7 |
| 2018 | 2099.2 | 13.51 | 334.67 | 16.73 |
| 2019 | 2339.4 | 11.4 | 391.7 | 17.04 |

### （二）环境效益：监管治理获得重大突破

为进一步全面加强旅游市场综合监管，规范冰雪旅游市场发展，哈尔滨打出旅游市场综合治理“组合拳”，首次设立旅游诚信基金，建立市与区县（市）两级涉旅投诉快速处理机制，为游客提供快捷维权通道；完善亚布力滑雪度假区“三山联网”机制，出台“哈亚雪”旅游专线监管措施，公布产品诚信指导价，有效打击“不合理低价游”等行为；上线旅游客运智能服务平台，将全市 54 家旅游客运企业 1784 台旅游车辆，以及

359 家旅行社纳入其中，有效打击"黑车"揽客和非法运营；公安、市场监管、交通等部门分别开展专项行动，在"哈亚雪"沿线、主要出城口、市区重要节点对治安、交通秩序等开展常态化检查，有效震慑了不法分子和违规经营；旅游部门检查涉旅企业 364 家次、导游员 256 人次，罚款及没收违法所得 90 余万元，吊销 2 家旅行社业务许可证；通过召开市场监管工作会、涉旅企业警示大会等形式，强化行业自律，341 家旅游企业向社会做出诚信经营公开承诺。哈尔滨市相关部门从多个渠道入手，采取多样化措施，对哈尔滨的旅游市场展开综合化治理，为游客和当地居民的生活创造了良好的市场秩序和生活环境[10]。

**（三）社会效益：铸就冰雪人才培养高地**

依托冰雪资源禀赋优势，哈尔滨成为我国冰雪领域多个细分内容的领先者，为我国冰雪产业的发展培育了一批"能工巧匠"和专业人才。哈尔滨作为中国冰灯艺术的发源地，从最初的兆麟公园冰灯游园发展到今天，已有 50 多年的冰雪艺术发展史，培养造就了大批冰雪采掘、设计、创作等经验丰富的艺术人才，目前哈尔滨拥有 40000 余人的冰雪雕艺术人才和技术工人队伍。作为我国竞技冬季项目开展最早的地区，历经几十年的风雨历程，哈尔滨培养和造就了大批的滑冰、滑雪、冰球等项目的运动员、教练员以及专业的体育竞技组织者、工作者，成为冬奥会冠军、世界冠军和全国冠军等的"冠军摇篮"。作为拉开我国冰雪旅游发展序幕的城市，冰雪经贸、展会、制造等业态的发展，培养和储备了一批富有丰富经验的策划队伍和专业管理人才、冰雪服务性人才等，这些早期冰雪产业从业者现广泛分布在我国各大冰雪场馆及相关企业担任重要职务，并在各自的岗位上继续发光发热，为我国冰雪产业发展贡献自己的力量[11]。

**（四）市场效益：品牌市场认可度增强**

哈尔滨作为集聚历史文化积淀和国际时尚元素为一体的浪漫之都，依托地理气候环境优势形成的"冰城夏都"品牌得到了市场消费主体的充分认可。哈尔滨作为全国首批优秀旅游城市，始终位列中国冬季冰雪旅游最热城市之首；2019 年春节前夕，中国旅游研究院和携程旅行网联合发布了《中国冰雪旅游消费大数据报告（2019）》，在冰雪旅游目的地人气城市 TOP10 排行榜中，哈尔滨再度蝉联榜首；在冰雪旅游线路人气排行前十位中，哈尔滨占据三席。在 2018 中国冰雪旅游盛典上，哈尔滨荣登 2018 年十佳冰雪旅游城市榜首，"中国 · 哈尔滨国际冰雪节"荣获"2017—2018 冰雪季冰雪旅游节事十强"称号，亚布力阳光度假村、亚布力滑雪场荣获"2017—2018 冰雪季滑雪旅游区十强"称号。途牛旅游网发布《2018 四季度全球旅游目的地热度指数》显示，哈尔滨已成国内冬季最热旅游目的地，"哈尔滨火车 3~7 日自由行""哈尔滨双飞 5 日自由行"等自由行产品颇受游客青睐；自 2012 年以来推出的"迷人的哈尔滨之夏"旅游文化时尚活动，哈尔滨从久负盛名的"冰城"走向了享誉世界的"冰城夏都"，成功跻身全球避暑名城百家榜 20 强，被评为中国"十佳宜游城市"，位列中国避暑旅游城市排行榜前三名。

经过 20 多年的发展，作为我国冰雪旅游的传统强市，哈尔滨取得了巨大成就，而随着冰雪旅游的热度持续攀升，面对吉林、北京、新疆等冰雪旅游新兴省区市的崛起，哈尔滨的冰雪旅游发展也面临着一系列的挑战。如"冰强雪弱"趋势越发明显；尽管冰雕雪塑等观赏性主题冰雪乐园旅游产品开发方面哈尔滨一直走在世界前列，但是滑雪场设施老旧，配套服务设施不完善，客源不断被新兴雪场所分流等问题较为突出；另外，市场发育程度与旅游快速发展不相适应，产业融合的辐射效果、助推作用发挥不明显，养老、体育、教育等旅游新业态还没有完全形成新的经济增长点。部分冰雪景区发展受体制机制掣肘，市场化程度不高，管理模式僵化，不能很好地适应竞争环境，满足市场需求；随着乡村旅游等多种新兴旅游业态的兴起，绥化、鸡西等地的旅游热度相继崛起，哈尔滨作为黑龙江的旅游强市，其热度涨幅不温不火。除此之外，哈尔滨市智慧旅游建设与旅游现代化要求不相适应的矛盾也愈发显现，智慧旅游建设相对滞后，旅游大数据在机构设置、平台建设、政府部门数据整合共享及其他软硬件配套等方面仍有待加强。

## 五、模式经验：做"冰天雪地也是金山银山"创新示范者

### （一）坚持以人民为中心的旅游发展理念

哈尔滨作为我国冰雪旅游发展的引领者和创造者，始终坚持以游客和当地居民的需求为发展理念，从公共服务和基础设施建设到提供多样化、个性化、细分化的高质量冰雪旅游产品，充分站在人民的视角，以维护和提高人民的幸福感和获得感为目标，增加和提升产品和服务的供给数量和质量，如开发冰雪主题公园、滑雪度假区、冰雪乐园、冰雪小镇、冰雪民俗村等多元化产品，不断满足人民对美好生活的向往。为进一步充分保障冰雪旅游消费者的利益，哈尔滨加强对市场恶势力的整治，从与人民生活密切相关的交通服务到游客维权机制平台的设立，切实关注群众在旅游过程中遇到的问题、难题，并积极采取有效措施，排除万难，为出行在外的游客以及当地居民创建安全、有秩序的旅游环境，充分保障人民的权利不受侵害。

### （二）坚持旅游发展与生态保护相协调

冰雪旅游作为生态旅游范畴的内容之一，对生态资源有着很强的依附性。水、气候资源、土壤等要素对冰雪旅游开发有着一定约束性。哈尔滨作为开展冰雪旅游较早的地区，冰雪旅游品牌始终叫得响亮，并成为哈尔滨对外交流的一张标志性名片，这也得益于哈尔滨始终坚持冰雪旅游发展与生态保护相协调的发展方式，一方面，积极开展生态文明宣传教育，从意识上和思想上，为大众灌输生态保护利己利人的相关知识和理念，以期从根源上为人们树立正确的生态保护价值观打下基础；另一方面，制定规章制度，引导冰雪场馆开发企业加强冰雪旅游目的地的生态保护，科学处理企业垃圾、污水等污染物的排放，并构建非冰雪旅游期间的生态补偿机制措施，力图从制度上为冰雪旅游经济发展和生态保护之间设立一道屏障。

### （三）坚持政府"推动"与市场"行动"的相互配合

哈尔滨冰雪旅游品牌屹立不倒还得益于始终坚持政府推动与市场主体的相互配合。

近年来，哈尔滨积极稳妥从广度和深度上推进市场化改革，大幅度减少政府对资源的直接配置，推动资源配置依据市场规则、市场价格、市场竞争实现效益最大化和效率最优化，形成弹性的调控机制；同时，加快转变政府职能，如联动市场主体等多方力量，打包冰雪旅游产品展开联合促销的方式，将推介会落实到沿海等其他省会城市，这种方式带来的收益显而易见。而为进一步提高办事成效，哈尔滨市政府深化企业审批流程等内容的相关改革，围绕简政放权、强化监管和优化服务等方面推进放管服改革，如承诺 1 个政务事项实现“不见面”办理，12 个政务事项实现“跑一次”办理，“跑一次”实现率达到 100%；这种从市场主体角度出发，简化办事程序，一定程度上有利于提高政府办事效率，激活冰雪市场主体的活力，构建政府与企业良性互动的政商环境。

#### （四）坚持美丽风景与美好生活的共建共享

随着全域旅游的不断推进，“共建共享”理念的持续深入，哈尔滨也在积极全面调动全域资源，创新产品，以打造满足游客和当地居民对美好生活需求的目的地。从优化冰雪旅游产业空间布局出发，统筹冰雪资源、生态资源、文化资源、交通体系等多重要素，整合冰雪旅游景区建设、基础要素配置、民俗文化与欧陆文化的融合等诸多优势，打造哈尔滨冰雪旅游风景线，为居民和游客提供高质量的冰雪旅游产品和难忘体验；同时进一步优化冰雪旅游产品结构，扩大优质产品的供给，围绕食、住、行、娱、游、购六大要素，构建便捷化的公共服务体系和智慧化的旅游服务平台，提升安全保障服务体系，如旅行社服务、导游服务、维权服务等方面的质量等，从多方位视角为共建共享美好生活提供优质保障，这一理念的转变，也吸引了不同年龄阶层的消费者，从数据可以看到，年轻人占据大多数。

### 六、未来展望：打造示范性的国际一流冰雪城市

#### （一）从国内知名冰雪旅游城市向世界冰雪文化旅游名城迈进

建设世界冰雪文化旅游名城是省委、省政府对哈尔滨市的殷切嘱托，是推进哈尔滨全面振兴、全方位振兴的战略决策，也是市委、市政府交给全市文化广电和旅游战线的光荣使命。为此，应以国际时尚冰雪旅游名城为发展定位，推动哈尔滨国际冰雪旅游城建设，深入挖掘哈尔滨城市文化内涵，整合哈尔滨独特的“欧陆风情、冰雪艺术、城市文化”等不同主题，通过打造本土特色和国际元素相融合的产品来传递好哈尔滨地域性故事，同时，着力推动冰雪旅游功能与城市功能融合、冰雪旅游产业与城市产业融合、冰雪旅游场景与城市生活融合，要继续将冰雪元素全面融入城市基础设施、商业设施、文化设施建设之中，通过促使城旅深度融合来推进世界冰雪文化旅游名城的创建；另外，紧紧抓住国家“一带一路”和“龙江陆海丝路带”加快发展的有利契机，加大对沿线国家和地区市场开拓力度，采取“走出去，请进来”的战略，组织促销活动，参加国际展会，加大欧洲及俄罗斯的旅游合作，有针对性地开发海外市场，通过宣传、推介，全方位展示哈尔滨旅游资源，进一步扩大哈尔滨的世界知名度与影响力。

**（二）加强若干旅游集团培育和冰雪旅游品牌输出**

在世界冰雪旅游的大家庭中，中国的地位十分突出，而在中国冰雪旅游的大家庭中，哈尔滨作为国内开启冰雪旅游序幕的先驱和引领者，地位显赫。而面对国外 CDA、VAIL 等大型冰雪旅游集团的冲击，以及中国旅游集团前 20 强中没有哈尔滨身影的事实，哈尔滨作为历史传统与欧陆文化交融的现代都市，我国首批优秀旅游城市，理应担当起重任，支持冰雪旅游企业联合，加强旅游集团培育，走集约化发展道理。一方面，以市场力量为主，结合一定的行政力量依据自愿、平等、互惠互利的原则，建立合作机制，组建旅游集团，将一些优秀的有雄厚的资金、世界一流的管理模式、完善的五大支持系统（财务、销售、预订、信息、人才）、出色的经营业绩与公认的品牌的企业，作为冰雪旅游集团的核心企业，同时进一步强化其管理、协调、规划、监督和服务功能，使其真正发挥融资、借贷、结算和投资中心地位，发挥其龙头和母体职能。另一方面，要积极吸收国际先进的经营管理经验，发挥管理优势和品牌优势，实现网络化规模经营。

**（三）从硬件建设向硬件和软件并重转变**

为进一步提升哈尔滨冰雪旅游目的地的竞争力，打造具有国际范儿的一流冰雪城市，需从城市硬件建设向硬件和软件并重的方向转变。硬件上，以智能化和智慧化为支撑，加强信息基础设施建设，搭建"冰雪旅游 + 互联网"平台，成立哈尔滨冰雪旅游数据中心，进一步提升旅游信息公共服务水平，推动景区智能化提升，实现景区主要区域或景点 Wi-Fi 全覆盖，景点通信网实行全覆盖，为创建自助旅游服务体系做好铺垫，如推出："哈尔滨游客助手" App，利用智能手机的最新功能，整合集成哈尔滨市食、住、行、游、购、娱等诸多方面的旅游资讯，为广大民众提供全方位的"贴身旅游服务"；哈尔滨作为国家历史文化名城，是首批国家优秀旅游城市，文化和旅游资源富集厚重，既有金清文明、音乐艺术、民族宗教等灿烂文化，也有"绿水青山"和"冰天雪地"这些生态"瑰宝"，在打造一流冰雪城市过程中，应充分加强对历史文化名城、音乐之城等多重资源的挖掘，推进冰雪资源与音乐、啤酒、油画、时装等元素的融合与创意开发，特别是要重视红色文化、金源文化及萧红文化等的开发，打造冰雪旅游文化时尚融合发展的品牌目的地。

**参考文献：**

[1] 杨春梅. 基于系统动力学的冰雪旅游业发展模式研究［D］. 阜新：辽宁工程技术大学，2014.

[2] 王晗. 吉林省冰雪体育旅游产业集群发展优化策略研究［D］. 长春：吉林大学，2019.

[3] 白鹤松. 冰雪产业发展研究综述［J］. 中国人口 · 资源与环境，2016，26（S1）：452-455.

[4] 刘辉. 黑龙江地区冰雪艺术发展历史综述［J］. 美与时代（下），2017（2）：43-44.

[5] 阚军常，叶海波，张莹. 基于产业集群的我国滑雪旅游产业结构优化的动力机制研究［J］. 冰雪运动，2016，38（6）：52-57.

[6] 程志会，刘锴，孙静，等. 中国冰雪旅游基地适宜性综合评价研究［J］. 资源科学，2016，38

（12）：2233–2243.
［7］李静.第二十四届世界大学生冬季运动会对哈尔滨地区冰雪旅游业的战略分析［D］.北京：首都体育学院，2008.
［8］杨春梅，赵宝福.基于数据包络分析的中国冰雪旅游产业效率分析［J］.干旱区资源与环境，2014，28（1）：169–174.
［9］朱晓柯，杨学磊，薛亚硕，王颜齐.冰雪旅游游客满意度感知及提升策略研究——以哈尔滨市冰雪旅游为例［J］.干旱区资源与环境，2018，32（4）：189–195.
［10］张娜，佟连军.吉林省冰雪旅游与区域经济增长协整分析及Granger因果检验［J］.地域研究与开发，2012，31（5）：73–77，84.
［11］郝晶晶，齐晓明，张素丽，侯晓莹.内蒙古冰雪旅游资源及其利用研究［J］.干旱区资源与环境，2017，31（9）：201–207.

# 童心与旅游：亲子旅游研究进展与展望

郭 娜[1]，李鹏鹏[2]*

（1. 中国旅游研究院，北京 100005；2. 河南大学，开封 475001）

**摘 要：** 近几年亲子旅游市场异常火爆，亲子旅游产品不断丰富，但国内亲子旅游的研究起步较晚、研究较少。本文通过对国内亲子旅游研究文献的梳理，总结出亲子旅游的概念，并侧重从亲子旅游市场特征、亲子旅游产品、亲子旅游决策影响等方面对研究内容进行了分析，探讨了当前亲子旅游研究存在的不足，包括针对亲子旅游的研究不足、尚未形成完整的体系；缺乏关注儿童本身的研究；缺乏以父母作为参与主体的研究等，并在此基础上提出了未来亲子旅游研究的新趋势，为亲子旅游的研究提供一定的借鉴。

**关键词：** 旅游研究；亲子旅游；研究进展与展望

## 一、问题的提出

社会经济的飞速发展、文化水平的不断提升，人们对于旅游是重要的休闲活动的理念愈加重视。了解旅游领域内最新的研究进展、借鉴已有研究并从中挖掘出新颖的创新研究点，对于旅游研究者来说十分重要[1]。在这个旅游业蓬勃发展的时代，以儿童为中心的亲子旅游顺势成为现代旅游业的重要组成部分之一。随着拥有儿童的家庭对共同出游的愈加重视，旅游业界已经认识到儿童作为一个旅游细分市场的重要性地位，针对这个市场的多样性产品和服务日趋完善，反观学术界，亲子旅游这方面的研究仍处于起步阶段。

相较于国外亲子旅游行业的稳步健康发展态势，国内亲子旅游市场仍存在很多问题。单纯从经济角度及规划角度的研究，不注重亲子旅游研究的发展过程，造成大多数文章都以经济导向为主。亲子旅游与家庭生活有着密切的关系，家庭成员的关系，家庭健康的构建等相关的研究被忽视，亲子旅游的社会功能与公共意义也被忽视。因此对亲子旅游未来的发展趋势做出预判，并积极推动亲子旅游研究形成旅游研究一元化及多学科融合的局面、构建亲子旅游的研究范式是非常必要的。

---

［作者简介］郭娜（1984—），女，山东济南人，中国旅游研究院规划与休闲所助理研究员、博士，研究领域：亲子旅游、乡村旅游，通讯地址为：北京市东城区建国门内大街甲九号中国旅游研究院，邮编：100005，联系电话 010-85166175，E-mail：272259449@qq.com。李鹏鹏（1989—），男，河南开封人，河南大学历史文化学院在读博士生，研究领域：文化与旅游融合，通讯地址为：河南省开封市明伦街 85 号河南大学历史文化学院，邮编：475001，E-mail：604717307@qq.com

* 通讯作者。

## 二、亲子旅游的界定

### （一）亲子旅游的概念

家庭是儿童社会化的第一场所，父母是他们的第一交往对象[3]，所以儿童的健康成长离不开父母与孩童之间的情感交流。按照《世界青年报告》① 中的定义，0~15 岁为儿童，15 岁以上的未成年人则划为青年范畴。对于学龄前儿童的定义，有学者认为儿童阶段又可进一步划分为孕期、婴幼儿期、学龄前期、学龄期和青少年期[4]。按照医学界的划分，随着年龄的增长，根据不同阶段儿童的解剖、生理和心理等功能所表现出的与年龄相关的规律性，可以将小儿年龄分为七期[5]。孙琼等基于其他学者的研究及儿科医学的分类将孩童分为 4 个阶段：婴幼儿阶段（0~3，不包含胎儿）、学前期阶段（4~6 岁）、儿童期阶段（7~12 岁）及青春期阶段（13~18 岁，不含 18 周岁孩子）[6]。朱叶佳将儿童家庭划分为三个年龄层：2~5 岁、6~11 岁、12~15 岁[7]。消费社会化理论中则以儿童的消费能力将儿童划分为 3 个阶段，即感知阶段（perceptual stage）（3~7 岁）、分析阶段（analytical stage）（7~11 岁）和深思熟虑阶段（reflective stage）（11~16 岁）[8-9]。

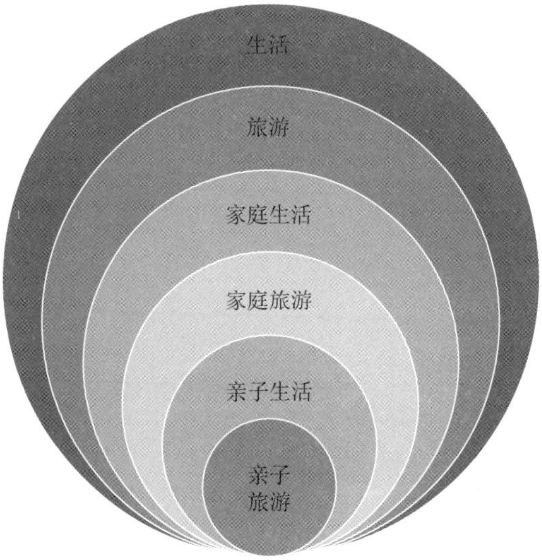


**图 1　家庭与亲子旅游关系图**

学者们对亲子旅游参与者有更明确的界定，强调成人与儿童、主动与被动的动态互动关系，家庭作为社会的一个单一单元有着其自身的生命周期。在这个动态过程中，父母（成人）以主动方式完成社会、家庭责任与义务，加强了血缘、感情的深度，进一步完成自身旅游休闲需求，并在家庭活动中扮演主要角色；子女（儿童）以独立个体被动方式参与社会、家庭生活，实现娱乐、认识的目的，进一步完成学习、社交需求，

① http：//www.un.org/chinese/esa/social/youth/report.htm，2016-06-20.

在家庭活动中扮演配角。亲子旅游的定义是一种由成人和儿童组成并有明确的参与主体，打破旅游时空转换方式，突破同质化的生活方式并可以满足家庭休闲的一种家庭活动（图 1）。亲子旅游的内涵要比旅游的内涵具体，主要参与者的确定，更加有研究针对性。但是，亲子旅游与家庭活动有着密切关系，家庭成员之间的心理关系要比普通游客密切并更加复杂（图 2）。

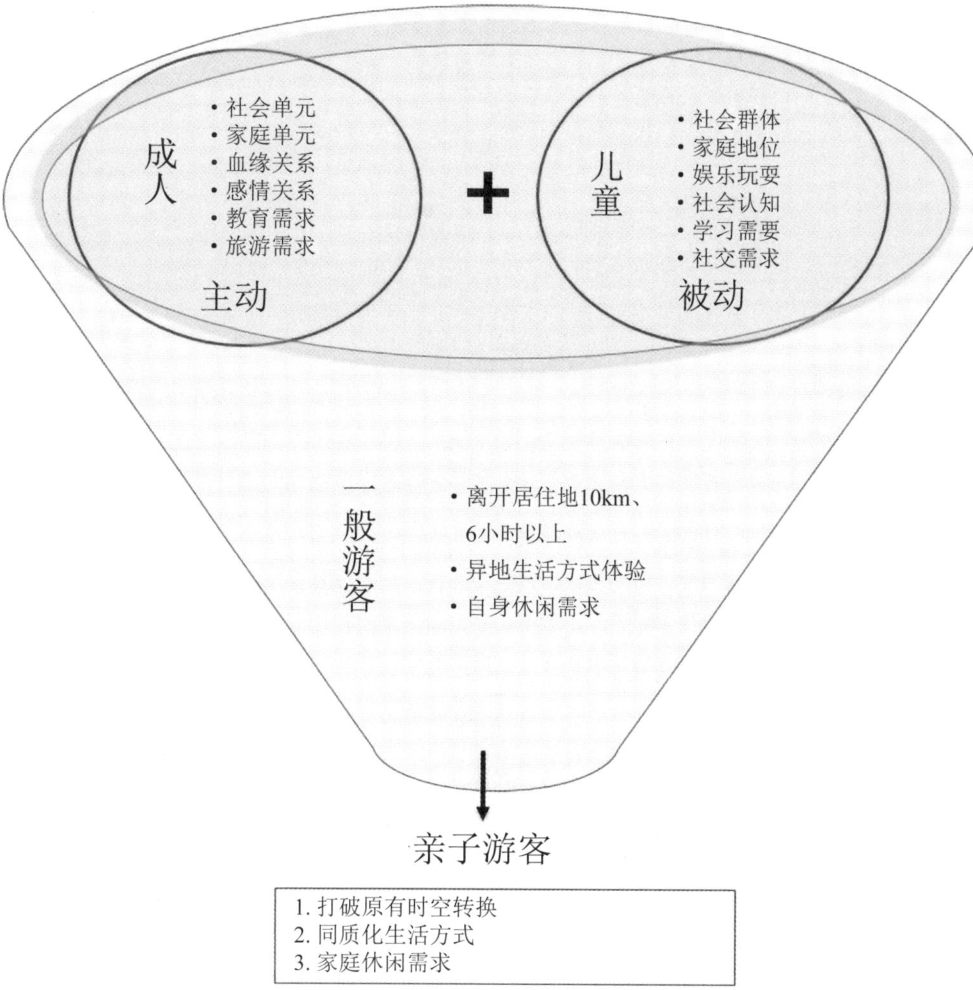


**图 2　亲子旅游参与结构图**

### （二）研究方法

本文以“亲子游”“亲子旅游”为关键词在中国知网（CNKI）检索相关文献，英文文献以 Web of Science 为主要检索库，同时在 Science Direct、Google Scholar 进行相关检索，索引关键词以“family”“children”“vacation”“holiday”“parent–child”“parent–children”“vacation”“travel”自由组合方式进行，中文文献检索年限为2000—2018年，英文文献检索年限不限。随后进行筛选、分析。

### （三）研究结果与分析

以“亲子游”和“亲子旅游”这两个较大范围的词进行检索，分别筛选出相关文献150篇和139篇。英文文献数量多于国内，以“family tourism”及“family travel”为主题关键词的文献偏多，分别有77篇和71篇且相关研究早于国内（表1）。

**表1 国内外亲子旅游文献数量分析**

| | 检索内容 | 2000年以前 | 2000—2005年 | 2006—2010年 | 2011—2015年 | 2016—2018年 |
|---|---|---|---|---|---|---|
| 国外 | 家庭旅游 | 1 | 0 | 6 | 22 | 39 |
| | 儿童旅游 | 1 | 1 | 5 | 18 | 26 |
| | 家庭度假 | 2 | 2 | 3 | 15 | 22 |
| | 家庭假日 | 4 | 0 | 2 | 8 | 26 |
| 国外 | 家庭旅行 | 5 | 1 | 10 | 26 | 30 |
| | 亲子旅游 | 0 | 0 | 0 | 1 | 1 |
| 国内 | 亲子旅游 | 0 | 0 | 3 | 37 | 97 |
| | 亲子游 | 0 | 2 | 4 | 43 | 94 |

亲子旅游作为家庭旅游的一部分，是从市场细分的结果形成的概念。研究最多的是市场营销学的研究方法，多用调查问卷、国家统计、企业数据等方法，其目的主要是为亲子旅游产业及产品的开发做准备。教育学、心理学、医学研究较多，多从家庭、父母、儿童的角度入手，运用数理统计、问卷调查、深度访谈的方法，旨在对家庭旅游做更加清晰的研究，更多的是探讨家庭内部的关系、家庭旅游的功能、家庭旅游的影响等内容，更加注重家庭成员的心理和身份。旅游学对亲子旅游的产生、旅游目的地、旅游决策作出一定的研究，主要通过某一地区或是某个旅游目的地的家庭人群进行相应的调查问卷、访谈，主要是针对家庭和旅游相关的研究。

### （四）相关研究理论基础

亲子旅游的研究理论在国内外有着较大的差异。国外的亲子旅游研究注重学科的本质，多从经济学、心理学、社会学、人类学的研究方法入手，注重亲子旅游的基础，特别是父母及儿童的角度，从旅游产品的设计、家庭旅游的决策、家庭旅游的影响入手，强调有各个学科的归属感。国外的研究注重基础学科的构建，对于亲子旅游的具体研究有一定的示范作用。特别是不同市场细分游客的身份及感受，注重游客的体验和心理，这对其他市场细分旅游研究有一定的借鉴作用，但是未来的亲子旅游研究应该更加注重大数据、网络等领域的扩展。国内亲子旅游研究注重新的研究方法，有网络调查、网络大数据、景观规划等角度的研究，但是对于亲子旅游的本质研究较少，学理性相比于国外较弱。注重大数据、网络的应用是研究方法的创新，但是对于基础理论的构建明显不足。国内的研究更加大胆地使用具体的数据，具有一定的代表性，未来应该更加注重学科属性的基本理论研究。

## 三、研究内容

### （一）亲子（家庭）旅游研究概念及理论

国外学者对于亲子旅游的研究早于我国，且亲子旅游市场发展较为充分，已经形成了完整的研究体系和产业结构。国外学者关于亲子旅游方面的研究主要集中于亲子旅游中的儿童体验[10-11]、儿童对家庭亲子旅游选择的影响[12]及亲子旅游对儿童的影响[13]等方面。国外学者的研究十分重视行为主体——儿童和父母的感受，从不同视角，以心理学、社会学、行为学为理论基础研究亲子旅游中儿童和父母所扮演的不同角色和需求。国外旅游业界相较于学术界更重视儿童旅游需求和行为的研究[8]，这与国内的情况不同。大多数学者的研究中都将儿童这一群体视为亲子旅游中缺乏主观能动性的被动客体[14-15]。国外的亲子旅游研究更多的是注重家庭旅游，亲子旅游只是其中的一部分。亲子旅游的研究时间较晚，相关研究成果较多，主要集中在医学、心理学、社会学等相关学科中，对于家庭旅游关注不多，从早期的社会学过渡到旅游市场营销学转变。大多数文章主要是家庭旅游或亲子旅游的市场细分，目的是开发亲子旅游产品。

国内学者对亲子旅游的研究最早始于2008年，至今亲子旅游领域的相关研究也达到了一定的规模，但学术界对于亲子旅游的概念仍没有一个确切、互相认可的说法。李菊霞、林翔[16]认为亲子旅游是区别于其他旅游活动的新型旅游活动形式，根本特征在于人员的构成，是以父母及其未成年子女为主体的亲子游活动，其主要目的是增进亲子之间的情感交流和通过旅游活动开阔孩子眼界。张磊的研究则强调亲子旅游的教育功能[17]，张红[18]、彭金锋[19]、何成军等[4]的定义则部分与李菊霞等[16]人的研究相似，认为亲子游兼具家庭旅游和儿童旅游属性，以增进亲子感情、开阔父母和孩子视野、促进孩子健康成长。刘妍[20]认为亲子旅游是旅游市场发展逐步完善的产物，脱胎于家庭旅游、儿童旅游，以关注“子”的旅游需求为出发点，谋求“亲”“子”双方的协调。刘学莉则将亲子游界定为“年轻一代父母一方或双方及其未成年子女在旅游目的地期间发生的社会和经济活动”[21]。丘伟萍[22]、马宏丽[23]、田川等人[24]、刘敏等人[25]、孙琼等人[6]有相似的观点，认为亲子旅游是兼有以下特征的独特旅游形式：①多为父母与未成年子女共同出游；②主要为核心家庭；③目的性明确，增进亲子感情、开阔视野、陶冶情操[26]；④亲子旅游对旅游产品的舒适性与安全性提出了更高的要求[27-28]。国外学者 Ryan[29]、Seaton 等[30]的研究发现孩子是家庭出游的核心，孩子的满意度对父母来说十分重要，家庭旅游的活动类型和目的地选择取决于孩子的需求[31]，国内学者[32-33]的相关研究也支持这个结论。

### （二）亲子旅游市场特征研究

从国内和国外文献的数量分析可以看出，有关亲子旅游的研究呈逐年增多的趋势，这和亲子旅游市场的快速发展及亲子综艺节目①的火爆有着必然联系。国内学者对于亲子旅游的研究多集中于家长及孩子的消费行为、亲子旅游产品开发和规划等方面。

经济、社会的发展不仅促进旅游行业的发展，也影响着家长和孩子出游的选择。国外的书评《Family tourism：multidisciplinary perspectives》[34]，较为全面地分析了家庭旅游的全貌，是一种多视角的分析。家庭中儿童对出游决策的影响逐渐上升，在市场产品建设上，针对儿童的需求应该加强。Heike 和 Ian[35]发现家庭旅游业在休闲业中增速最快，在家庭复杂的关系中，对旅游需求呈现的趋势进行了分析，对未来家庭旅游市场的趋势做出了预判。Mary 和 Rebecca[36]研究了儿童对有关“死亡”等肃穆历史景点的感受，角度独特，这些学者的研究角度值得国内学者学习借鉴。家庭作为出游的主要单位，在亲子旅游这个市场中占有重要地位，所以了解家庭出游的动机和行为等方面原因很有必要。

相关研究表明，自助游成为家庭出游的首选项，网络和汽车的普及是直接促使自助游成为人气居高不下的出游方式，网上购买旅游产品也是重要的途径之一[37]，跟团游比例有所降低[22]；另外，对于出游时长和时间段的选择，家长更倾向于中短期旅游（3~5 天），出游频率多为一年 2~3 次[23]，且出游时间多选在寒暑假、“十一”长假期间，这和父母的闲暇时间分布有直接关联。对于出游地的选择，多以省内景点及国内景点为主，出境游比例虽在逐步提高，但受限于经济及产品供给等因素，占比仍处于较低的位置②③。交通工具方面，家长考虑到时间、路途、经济等因素，更倾向于选择铁路或驾车的出行方式，同时，对于远途出境游，飞机则是主要的出行方式之一，也有家长选择游轮等出行方式。出游动机方面，学习与情感是学龄前儿童亲子旅游的两个主要出游动机，目的在于增加孩子知识、开阔眼界、增进亲子关系和家庭情感[25]，当然，孩子的年龄层次对父母与孩子出游的动机有着直接影响[6]。现有研究表明，孩子在出游决策方面有着部分影响，父母多以孩子需求为主，兼顾自身放松、休闲娱乐、教育学习的目的[31, 38–41]。亲子旅游的选择类型方面，多以风景名胜参观和亲子互动类活动为主，且景点和活动交互穿插的方式较受欢迎[42]。在目的地的选择方面，家长的行为也受年龄层次的影响，对于带着学龄前期儿童的父母来说，方便和轻松是关键词。相对于行程的安排、便利度等因素，家长更关心诸如安全度、舒适度、旅游基础设施和服务方面的指标，且随着年龄层次的降低，比例逐步提高，而各旅游产品供应商、酒店及景点在这些方面存在缺陷[43–44]。

### （三）亲子旅游产品研究

有学者对亲子旅游领域的研究方法和产品的具体优化策略进行了研究。Catheryn[45]

---

① 2013年以来，随着《爸爸去哪儿》《爸爸回来了》等亲子类综艺节目的热播，引起了全民开展亲子活动的热潮。亲子类的综艺节目成为亲子旅游的模板，更多家庭更加注重亲子活动在家庭活动中的地位，周末的亲子活动市场异常火爆。

② 驴妈妈旅游 & 艾瑞咨询：2016 年中国暑期亲子游白皮书。

③ 途牛《2018 在线亲子游消费分析》：http：//baiJiahao.baidu.com/s？ id=1601961382983365139&wfr=spider&for=pc。

探索了儿童旅游相关研究的方法，提出了 5P 法则，并建议开展对学龄前儿童亲子旅游的相关研究；Elena[46]对亲子旅游浪潮下酒店、景点等基础设施如何优化提出了见解；Small[47]提出了记忆工作法在亲子旅游中研究的应用。Svein 和 Dag[48]对学校旅行进行了研究，通过对挪威一个班级出发前和出发后进行的调查，认为学校组织的旅游活动的驱动动机具有社会身份认同作用。同时，对旅游供应商提出了要满足儿童游客一起做事的需求产品。Malene[49]家庭度假体验的定量研究主要是对家庭成员之间进行度假过程中的作用积极效应和负面效应进行的研究，通过对德国和挪威 26 个家庭进行访谈，得出家庭度假的特征，并对家庭旅游与旅游业如何发展做出了分析。

亲子旅游的市场需求逐年增大，闲暇时间的增多、经济的增长、儿童成长的关注和对亲子关系的重视都直接或间接促进了亲子旅游市场的发展，刘佳等[44]通过百度指数法分析了我国 31 省亲子旅游网络关注度区域差异，发现发达地区对亲子旅游的关注度更高，说明亲子旅游市场开发前景较好。许咏媚等[50]基于同程和驴妈妈的网络调研报告，对亲子旅游产品进行了相应的研究。亲子旅游市场的开发研究一直是学龄前儿童亲子旅游研究的重点，多是基于旅游体验[51]、景区针对亲子旅游的优化[52]，亲子旅游市场的细分[53]，也有对“互联网 +”浪潮下发展亲子旅游的研究[7]。纵观亲子旅游产品的相关研究，有部分针对相应年龄层的产品设计和特点的探讨。张红丽以西安市高校中学前儿童研学旅行资源的开发为视角，阐明了其开发优势、原则和项目设计[54]。胡双[55]探讨了亲子旅游项目和农村电商的联动发展模式带来的双边积极效应。黄雪梅等[56]基于微信公众号这一新式媒体，分析了不同类型亲子旅游公众号的特点，提出了产品的优化策略。谢博卿[57]对现今市场上的亲子旅游产品进行了分析，认为普遍存在特色不鲜明、层次划分不合理、内容设计失衡的问题，随后提出了优化建议；范建丽等[58]分析了以文化传承为主题的亲子旅游项目的现状。杨诗源等[59]基于教育视角研究了泉州市的城市亲子旅游产品研发，当然，也有针对其他省市的研究[60]。有许多学者针对亲子旅游不同年龄层次的市场特征进行剖析[4]，进而挖掘不同阶段的产品特点，具体分析产品的研发亮点。孕期亲子旅游群体为孕期母亲和陪伴的父亲，主要以短途出游为主，安全及针对性服务要求相对较高[22]；婴幼儿亲子旅游以安全、环境、卫生等要素为关注重点[61]；亲子旅游不仅仅对安全有着较高要求，还对活动的内容有着不一样的需求[20]，需要较多的亲子互动交流，这些不同点，期待今后有更多的研究来精细化这三个阶段的父母、孩子需求。对于现今亲子旅游产品的不足及改进方法，大多数亲子旅游研究学者均有提出不同的见解，但差异不大，都是基于市场表现和需求进行的分析，整个市场的发展处于不均衡的状态。

### （四）亲子旅游决策影响研究

Gram[15]首先提出并强调儿童旅游感官（a sensory experience）的重要价值；Carr[13]研究了儿童和父母的旅游体验，其文章中将 5 岁以下儿童定义为被动旅游状态；Ekstrom

等[62]认为在亲子旅游中，尤其是学龄前儿童亲子旅游中儿童影响决策的作用很小；Thornton[63]等通过对儿童和父母的需求进行对比，儿童行为影响游客行为，发现 0~5 岁儿童对出游决策的影响是间接的，同时构建了群体决策影响和儿童影响群体行为能力敏感的理论；Kuo-Ching Wang 等[64]的研究表明母亲在出游中有更多的决策权。Cullingford[65]、Poria 等[66]基于儿童视角对儿童在亲子旅游中的体验进行研究；Xinran Y. Lehto 等[67]的研究证明家庭出游在增进情感方面的重要作用，Pau Obrador[68]则侧重于家庭在亲子旅游中的地位的研究；Heike[69]从社会学的角度分析了新西兰家庭旅游的态度和儿童旅游的重要性；Susan[70]探讨了家庭旅游在家庭生活和情感培养中所扮演的角色；Durko 和 Petrick[71]提出学术界应关注家庭旅游对家庭生活、孩子教育和家庭的凝聚力的作用。Rob[72]研究整个家庭生活周期的旅游支出模式与度假类型，假期活动与该团体的成年成员年龄有关联，并揭示市场细分的强大和一致的使用模式。Norma 和 Claudia[73]的儿童度假旅游模式的现状研究从规划和发展的视角，增加儿童对目的地的满意度，得出儿童比成年人有更高的响应率，目的地儿童的满意程度高于成年人。Susan[74]主要探讨家庭休闲是家庭生活的重要组成部分，通过加拿大地区的实验总结，家庭休闲主要受到时间压力、家庭工作量合适共同参与的活动的影响。通过社会变革和政策性的批判促进家庭休闲。Margo[75]对家庭旅游的经历、观念、意义进行了研究，首次跳出营销的研究，从儿童视角分析，玩乐是家庭度假的重要部分，安全的环境是保障，家庭成员之间的关系、儿童的年龄对家庭旅游的影响。Anette[76]通过实证研究建立模型，对家庭中的角色分配和决策战略的模型进行了验证，家庭成员角色在分布上出现与文献的不同，而环境因素有助于成为解释决策因素。Blichfeldt[77]认为家庭旅游的决策者开始注视青少年，通过对家庭旅游市场细分，发现青少年对家庭决策的作用较大，对未来家庭旅游的市场细分作出了预判。Xiaoxiao Fu、Xinran 和 Ounjoung[78]以家庭作为一个重要消费单元，运用访谈和调查问卷，对家庭度假旅游的功能进行了研究。从父亲、母亲和儿童多维度分析，成员不同对假期的渴望不同，也对未来家庭旅游做了展望。Mimi Li、Dan Wang、Wenqing Xu 和 Zhenxing（Eddie）Mao[79]运用网络调查法对亲子旅游进行研究，出现了五个激励主题，即与孩子共度美好时光、创造美好回忆、学习和发展、对孩子的补偿以及自我补偿。对家庭旅游的动机进行了尝试性的研究，对未来也提出了研究方向。

钟士恩等[80]对于亲子旅游的基本概念和研究方法进行了基础性的研究，从不同角色的体验入手，注重研究方法和理论建设，有基础构建的作用，同时对于亲子旅游研究的影响作出一定的展望。马莉慧[81]对亲子旅游的发展现状进行了宏观的描述，同时分析了亲子旅游的教育功能，主要研究了亲子旅游的影响作用。但是研究较为宏观，缺少一定的代表性。

## 四、亲子旅游研究存在的问题

### （一）针对亲子旅游的研究不足，尚未形成完整的体系

目前的亲子旅游的研究尚没有形成一个完整的研究体系，学术界对于亲子旅游的关注明显少于其他类型、层次的旅游，更多的关注点倾斜于亲子市场、亲子产品、亲子旅游的问题及策略等。至今，对于亲子旅游概念国内学界并没有确切的定义，对于亲子旅游研究、产品的细分虽有部分关注，但仍远远不够，且多是一个大概的划分，没有相应的定性研究支持，很难形成体系化的成果。在整体的亲子旅游研究中，基于亲子旅游的认识不足，学术界虽早有涉及这方面的研究，但十分缓慢，大部分学者都忽视了家庭发展对于休闲和旅游有巨大需求。

### （二）缺乏关注儿童本身的研究

儿童和童年的研究一直被忽视。儿童是亲子旅游里面的重要组成部分，儿童不是消极的、接受建构的对象，而是积极的社会行动者，是建构自身现实存在的参与者[47]。研究清楚旅游为儿童带来了什么，儿童是如何参与旅游决策和活动的，儿童是怎样看待旅游的，可以对亲子旅游有更新的认识。这些新认识可以成为亲子旅游研究的新模式、新角度，进而有可能促使研究者对亲子旅游产品、旅游政策、全球化、法律以及社会公正等议题产生新的理解和认识。也可以为亲子旅游产品的开发提供一定的理论支撑、推动其建立系统而成熟的开发模型。

### （三）缺乏以父母作为参与主体的研究

亲子旅游研究的主体不应该仅仅是儿童，但学者们往往重视父母作为消费主体的地位而忽视了其作为需求主体的要求。诸多学者关注了家长作为决策者对儿童需求的照顾，也有家长对学龄前儿童亲子旅游的看法和态度的相关研究[42]，但对于家长在亲子旅游中的不同需求并没有较为全面的实证研究，换句话说，对于家长在亲子旅游项目中的感受并没有相应的关注。父母作为儿童亲子旅游的一方，也有着休闲方式的需求，这不仅仅是物质上的舒适，还有精神上的减压，这需要有针对性的产品服务供给，也必须有相关的研究成果进行理论支持。国外对于亲子旅游从 20 世纪末就已开始，不仅注重成人的需求和决策，也注重对于儿童视角的关注，这一点国内学者应该注意。

## 五、结论与研究展望

亲子旅游的研究时间较短，作为旅游研究的一部分存在，缺少相应的研究基础。国外的研究注重基础研究，但是没有一个主导方向。国内的研究针对经济学研究，有明确的方向，但是缺少相应的学科系统。由于旅游学的研究不够成熟，造成亲子旅游研究的不成熟。亲子旅游研究发源于市场细分，具有强烈的经济学内容。国外从不同学科尝试研究，对于亲子旅游的基础注重从家庭成员的身份入手，有一定的导向性。国内的研究注重方法的创新，但是仅仅局限于经济市场产品的研究，亲子旅游研究的复杂性，决定

这个学科方向是多元的，需要从家庭成员的多样性入手，分析亲子旅游的成因及复杂关系。随着社会经济的发展和旅游学科的演进，未来对亲子旅游的研究有以下趋势。

**（一）更加注重家庭成员的身份及家庭旅游的阶段特征的研究**

儿童、父母在亲子旅游中的作用及功能，构建亲子旅游研究的学科系统，扩展研究的内容及方法。利用多学科交叉的视角，构建亲子旅游研究的一元化学科特征。不再仅仅停留在市场、产品等具体实践的角度，亲子旅游的理论研究需要不断构建。学术的研究一般规律是现象到理论的发展。亲子旅游当前的研究多是现象，对于规律的探索还处于萌芽阶段，亲子旅游从现象到理论的研究还有很长的路要走。

**（二）从社会、家庭之间的互动关系入手，探索亲子旅游研究的学科体系**

中国的亲子旅游产生的基础与国外的亲子旅游产生的基础本质上是有差别的，不能因为庞大的市场需求就单一从经济学视角进行研究。亲子旅游的形成是一个复杂、动态的过程，亲子活动更是家庭关系形成与发展的一部分。父母与儿童的互动关系将会不断推动旅游活动向休闲活动，再到美丽生活的追求，亲子旅游的终极目的是一种家庭生活状态。应该从中国旅游发展的视角，更加关注社会、家庭之间的互动关系入手，构建中国亲子旅游研究的学科体系。

**（三）更注重跨学科的研究，借鉴其他学科的研究范式，完善亲子旅游的研究体系**

从多学科角度对亲子旅游进行研究。亲子旅游研究需要吸取人类学、社会学、发展心理学等研究范式和理论依据。亲子旅游的研究领域涉及社会学、人类学、旅游学、经济学等学科的交叉，对亲子旅游的持续关注本质上也是推进旅游学研究向多学科交融发散。构建亲子旅游的研究体系和理论，可以推动旅游学研究方向的扩展。

**参考文献：**

［1］Hung K，Law R. An overview of Internet-based surveys in hospitality and tourism Journals［J］. *Tourism Management*，2011，（4）：717-724.

［2］汪燕妮，薛红丽，陈倩.家庭亲密度和适应性对学龄前儿童行为问题的影响［J］.中国当代儿科杂志，2016（18）：421-425

［3］陈帼眉.论幼儿家庭教育研究［J］.高等师范教育研究，1992（增刊），35-41.

［4］何成军，李娴.亲子旅游市场调查研究：以成都市为例［J］.全国商情（理论研究），2013（6）：43-45.

［5］王卫平.儿科学［M］. 北京：人民卫生出版社.2013.

［6］孙琼，刘敏.孩子年龄与城市居民亲子旅游行为的差异研究［J］.旅游论坛，2016，9（4）：17-26.

［7］朱叶佳.浅谈“互联网+”下的亲子游的产品特色及发展潜力——以TN网“瓜果亲子游”品牌为分析案例［J］.福建质量管理，2017（8）：73.

［8］Marshall D. Understanding Children as Consumers［M］. *London: SAGE Publications Ltd.* 2010：59.

［9］John D R. Consumer socialization of children：A retrospective look at twenty- five years of research［J］. *Journal of Consumer Research*，1999，26（3）：183-213.

［10］Poria Y Atzaba—Poria N，Barrett M. Research Note：The relationship between children' s geographical knowledge and travel experience：An exploratory study［J］.*Tourism Geographies*，2005（4）：389–397

［11］Wang K C，Hsieh A，Yeh Y C. Who is the decision—maker：The parents or the child in group package tours? ［J］.*Tourism Management*，2004（2）：183–194.

［12］Hilbrecht M，Shaw S M，Delamere F M. Experiences，perspectives，and meanings of family vacations for children. *Leisure /Loisir*［J］. *Tourism Management*，2008（2）：541–571.

［13］Carr N. Children's and Families Holiday's Experience［M］. *Abingdon: Taylor & Francis*，2011：2–12.

［14］Obrador P. The place of the family in tourism research：Domesticity and thick sociality by the pool［J］. *Annals of Tourism Research*，2012，39（1）：401–420.

［15］Gram M. Family holidays：A qualitative analysis of family holiday experiences［J］. *Scandinavian Journal of Hospitality and Tourism*，2005，5（1）：2–22.

［16］李菊霞，林翔.亲子游市场若干问题探讨［J］.企业活力，2008（12）：32–33.

［17］张磊.浅谈亲子教育旅游的发展［J］今日科苑，2008（20）：40–41.

［18］张红.有关亲子游产品及其开发的几点思考［J］.旅游研究，2010，（4）：51–55.

［19］彭金锋.长沙世界之窗亲子旅游产品开发研究［D］.湘潭：湘潭大学，2015.

［20］刘妍，我国亲子旅游开发的现状、问题及对策［J］.科技广场，2013（11）：206–210.

［21］刘学莉.亲子游市场的需求影响因素分析研究［D］.上海：上海社会科学院，2015.

［22］丘伟萍.亲子旅游市场调查研究——以广州为例［J］.城市旅游规划，2015（8）：130–132.

［23］马宏丽.郑州市学前儿童亲子旅游市场现状调查［J］.中国妇幼保健，2013（26）：4345–4347.

［24］田川，李娴.成都市亲子游市场SWOT分析［J］.旅游纵览（下半月），2013（05）：135–137.

［25］刘敏，窦群，刘爱利，等.城市居民亲子旅游消费特征与趋势研究——基于家庭结构变化的背景［J］.资源开发与市场，2016，32（11）：1404–1408.

［26］廖小平.郑晓丽.代际旅游的内涵界定及表现［J］.中南林业科技大学学报（社会科学版），2012，6（2）：5–7.

［27］王慧媛.国内外家庭旅游文献综述［J］.青岛酒店管理职业技术学院学报，2009，1（3）：32–37.

［28］郑晓丽.基于代际关系的家庭旅游决策影响因素研究［D］.长沙：中南林业科技大学，2012.

［29］Ryan C.The Child as a Visitor［R］.*World Travel and Tourism Review*，1992：135–139.

［30］Seaton A V，Tagg S.The European Family Vacation：Paedonomic Aspects of Choices and Satisfactions［J］.*Journal of Travel and Tourism Research*，1995，4（1）：1–21.

［31］陆恒芹，苏勤，姚治国.国外有关旅游者家庭旅游决策问题的研究［J］.旅游科学，2006，22（6）：15–20.

［32］白凯，符国群.家庭旅游决策研究的中国化理论视角与分析思路［J］.旅游学刊，2011，28（12）：49–56.

［33］王书侠.沈洋.浙江儿童在家庭旅游决策中的影响及分析［J］.区域经济与产业经济，2013，（11）：10–11.

［34］Steven F Illum . Family tourism：multidisciplinary perspectives［J］.*Journal of Tourism and Cultural Change*，2012：1–2.
［35］Heike A Schänzel，Ian Yeoman.Trends in family tourism［J］. *Journal of Tourism Futures*，2015（2）：141–147.
［36］Kerr M M，Price R H. "I Know the Plane Crashed：Children' s Perspectives in Dark Tourism［M］. *The Palgrave Handbook of Dark Tourism Studies*，2015.
［37］苏琨.西安市学龄前儿童亲子旅游市场行为研究［J］.陕西学前师范学院院报，2017，33（9）：37–41.
［38］贾静.试析不同类型家庭的旅游行为特点［J］.焦作工学院学报（社会科学版），2003，4（3）：208–209.
［39］杨学燕.金海龙.居民出游决策行为与家庭结构的关系探讨：以宁夏回族自治区为例［J］.旅游学刊，2004，19（4）：14–18.
［40］白凯.旅游者行为学［M］.北京：科学出版社，2013.
［41］高秀苹.杭州市家长对亲子游的态度调查报告［J］.现代交际，2018（10）：77–76.
［42］陈磊.基于文本和网络分析的亲子旅游者体验感知研究——以苏州市为例［J］.中国经贸导刊，2018（10）：77–78.
［43］张恒锋.亲子游产品市场需求影响因素的统计分析——以北京为例［J］.商场现代化，2018（20）：182–183.
［44］刘佳，刘宁.基于泰尔指数的亲子游网络关注度区域差异研究：以我国31个省份为研究区域［J］.资源开发与市场，2018，34（7）：1015–1020.
［45］Khoo–lattimore C. Current Issues in Tourism Kids on board：methodological challenges，concerns and clarifications when including young children ' s voices in tourism research［J］. *Current Issues in Tourism*，2015，（4）135–156
［46］Alexandrova E. Harmonization of Family Holidays with Contemporary Requirements［J］. *Economic Alternatives*，2015，（1）：118–125.
［47］Small J. The absence of childhood in tourism studies［J］. *Annals of Tourism Research*，2008，35（3）：772–789.
［48］Svein Larsen，Dag Jenssen .The school trip：Travelling with，not to or from.*Scandinavian Journal of Hospitality and Tourism*［J］，2004，4（1）：43–57.
［49］Malene Gram. Family Holidays. A Qualitative Analysis of Family Holiday Experiences. *Scandinavian Journal of Hospitality and Tourism*［J］，2005，5（1）：2–22.
［50］许咏媚，张河清，王蕾蕾.亲子旅游产品开发与培育研究——基于同程旅游和驴妈妈网的调研报告［J］.中国市场，2018（26）：131–132.
［51］孙希同.基于旅游体验的哈尔滨市亲子旅游市场开发研究［D］.哈尔滨：哈尔滨商业大学，2018.
［52］余爱军.旅游景区亲子旅游产品创新开发研究［D］.桂林：广西师范大学，2016.
［53］许广路.亲子游内涵及其市场细分研究［J］.当代经济，2016（35）：72–73.
［54］张红丽.学前儿童研学旅行资源开发与实施——以西安市高校学前儿童研学旅行资源开发与实施

为例［J］.陕西学前师范学院学报，2017（1）：129–132.
［55］胡双.亲子旅游与农村电商联动发展方式分析［J］.品牌研究，2018（3）：52–53.
［56］黄雪梅，朱玉蓉.基于微信公众号的亲子旅游产品分析研究［J］.四川旅游学院学报，2017（4）：47–50.
［57］谢博卿.我国亲子旅游创新模式研究分析［J］.环球人文地理，2015（10）：157–163.
［58］范建丽，朱国兴.基于文化传承的亲子游项目现状及发展对策研究［J］.黄山学院学报，2016，18（4）：21–24.
［59］杨诗源，李月瑜.教育新视角下的城市亲子旅游产品开发——以泉州市为例［J］.吉林化工学院学报，2014，13（12）：109–112.
［60］马骞.亲子旅游产品开发现状及问题分析——以西安市为例［J］.经贸实践，2017（3）：136.
［61］罗云利.出境亲子游旅游者出游动机与决策行为研究［J］.度假旅游，2018（9）：21–22.
［62］Ekstrom K M，Tansuhaj P S，Foxman E R. Children's influence in family decisions and consumer socialization：A reciprocal view［J］. *Advances in Consumer Research*，1987，14（1）：283–287.
［63］Thornton P，Shaw G，Williams A. Tourist group holiday decision- making and behaviour：The influence of children［J］.*Tourism Management*，1997，18（5）：287–297.
［64］Kuo-Ching Wang .Who is the decision-maker：the parents or the child in group package tours?［J］Journal of Hospitality and Tourism，2007，6（1）：2–22.
［65］Cullingford C. Children's attitudes to holidays overseas［J］. *Tourism Management*，1995，16（2）：121–127.
［66］Poria Y，Atzaba-Poria N，Barrett M. Research Note：The relationship between children's geographical knowledge and travel experience：An exploratory study［J］. *Tourism Geographies*，2005，7（4）：389–397.
［67］Lehto X Y，Lin Y，Macdermid S M. Vacation and family function［J］. *Ann. Tour. Res.* 2009（36）：459–479.
［68］Obrador P. The place of the family in tourism research：domesticity and thick sociality by the pool［J］. *Ann. Tour. Res.* 2012，39，401–420.
［69］Heike A. Schänzel，Karen A Smith，Adam Weaver. Family Holidays：A Research Review and Application to New Zealand［J］. *Annals of Leisure Research*，2005（8）2–3，105–123.
［70］Shaw S M. Family Leisure and Changing Ideologies of Parenthood［J］. *Sociology Compass* 2008（2）：688–702.
［71］Durko A M，Petrick J F. Family and relationship benefits of travel experiences：A literature review［J］. *Journal of Travel Research*，2013，52（6）：720–730.
［72］Rob Lawson.Patterns Of Tourist Expenditure And Types Of Vacation Across The Family Life Cycle［J］. *Journal of Travel Research*，1991，29（12）：12–18.
［73］Norma P Nickerson，Claudia Jurowski.The infuence of children on vacation travel patterns［J］. *Journal of Vacation Marketing*，2001，7（1）：19–30.
［74］Susan M Shaw .The Family Leisure Dilemma：Insights from research with Canadian families［J］.

*World Leisure Journal*，2001，43（4）：53–62.

［75］Margo Hilbrecht，Susan M Shaw，Fern M Delamere，et al. Havitz.Experiences，perspectives，and meanings of family vacations for children［J］.*Leisure/Loisir*，2008，32（2）：541–571.

［76］Anette Therkelsen. Deciding on Family Holidays—Role Distribution and Strategies in Use［J］.*Journal of Travel & Tourism Marketing*，2010，27（8）：765–779.

［77］Blichfeldt B S，et al. "Tween Tourists：Children and Decision–Making"［J］.*Journal of Tourism and Consumption Practice*，2010，2（1）：1–24.

［78］Xiaoxiao Fu，Xinran Lehto，Ounjoung Park.What Does Vacation do to our Family? Contrasting the Perspectives of Parents and Children［J］.*Journal of Travel & Tourism Marketing*，2014，31（4）：461–475.

［79］Mimi Li，Dan Wang，Wenqing Xu，et al.Motivation for family vacations with young children：anecdotes from the Internet［J］. *Journal of Travel &Tourism Marketing*，2017，3，（1）：45–59.

［80］钟士恩，任晓丽，颜丙金，等.亲子旅游、亲子关系与儿童的旅游世界［J］.人文地理，2018，33（4）：13–19.

［81］马莉慧.亲子旅游的发展现状与教育功能研究［J］.襄阳职业技术学院学报，2018，17（2）：96–99.

# 国内游艇旅游发展现状、问题与对策：以海南三亚为例

赵　宽[1]，张　帅[2]

（1. 中国旅游研究院，北京 100005；2. 海南热带海洋学院，海南 三亚 572022）

**摘　要：**游艇旅游业作为新兴产业被认为是旅游经济新动力之一。近年来国内游艇业发展整体向前，但也有起落，在资源、政策等推动下，奢侈化转向大众化的趋势也更为明显，游艇业或将迎来新一轮发展高峰期。本文以梳理国内游艇旅游发展为起点，通过以海南三亚作为案例研究对象，从产业发展的政策环境、市场环境、产业链特征等角度出发，阐述供给侧改革背景下游艇旅游发展的相关对策建议，期望为国内其他地区发展这一新兴产业，提供经验积累与发展思路。

**关键词：**游艇旅游；供给侧改革；三亚

作为中高端生活方式和休闲旅游代表项目之一的游艇旅游，近年来在国内各大沿海城市得到了相当充分的发展，随着高端制造提升，政府政策松绑而导致的市场门槛逐渐降低，价格水准日益下调，大部分游艇旅游产品在国内逐渐摆脱奢侈品的光环，开始被越来越多的游客所接受和喜爱[1-4]。

然而，从行业整体情况来看，游艇旅游在中国，尚未像在欧美发达国家一样实现突破性的发展，依然存在着较高的政策壁垒，多部门管理而带来的管理思路僵化，迫使众多游艇企业不得不开展违规运营，私家游艇租赁等重要游艇消费形式尚未实现合法化[5]。游艇出海手续依然相对烦琐，游艇旅游的粤港澳一体化实施情况并不理想，琼港澳一体化进程更是困难重重[6]。

2019 年 9 月，海南省政府成立了由两名副省长担任组长的推进邮轮游艇产业发展领导小组，协调全省的邮轮游艇产业发展，重点就在三亚市。省级领导亲自抓游艇旅游发展，彰显了海南省依托自身优势条件，在自贸区建设的良好政策背景下，积极推进游艇产业旅游发展的良好意愿。然而，由于在概念界定、执法冲突、产业链培育、人才培养等方面存在的诸多问题，游艇旅游在三亚乃至全国要想实现跨越式的蓬勃发展，还有诸多政策和产业屏障需要突破[7]。

## 一、发展现状与问题

### （一）市场规模

根据 CCYIA（中国交通协会邮轮游艇分会）统计，目前我国游艇产业规模在 40 亿

---

［作者简介］赵宽（1982—），男，河南郑州人，中国旅游研究院博士后，新西兰怀卡托大学旅游管理博士，现任职于复星旅文，研究方向为旅游目的地营销、旅游企业社会责任、体育旅游、主题公园等，E-mail：zhaokuan.fosun@foxmail.com。张帅（1984—），女，河南驻马店人，海南热带海洋学院人文社科学院讲师，中国传媒大学传播学博士，研究方向为媒介研究、旅游传播等，E-mail：arlene.zhang@qq.com。

元左右。全国共有 1.2 万个泊位与 2700 个陆地露天泊船架位。依照 2017 年 CCYIA 抽样调查的 9067 个游艇泊位、共停泊游艇 3285 艘推算，全国停泊游艇共约 5500 艘，平均下来约 27 万人拥有一艘游艇，人均拥有量与发达国家仍有巨大差距。抽样调查实际停泊的 3285 艘游艇中，帆船数量为 1089 条，占比 33.2%，较 2016 年的 28% 有上涨趋势。

根据美国游艇制造商协会预测，2020 年中国游艇市场规模将达到 536 亿元，其中休闲船舶数量将从 2012 年的 3000 只，增长到超过 10 万只。

根据海南省海防与口岸办公室最新统计，全省已成立游艇制造企业 8 家，游艇销售、服务企业 271 家，游艇会（俱乐部）39 家，游艇相关专业培训机构 3 家，已建成游艇码头（帆船港）项目 14 个，泊位 1658 个，全省共有游艇约 800 艘，游艇拥有量和境外游艇出入境艘次位居全国前列。

三亚市的游艇产业以 2008 年鸿洲国际游艇会码头的启动建设为开端，10 余年来获得了较为长足的发展，已经成为海南省游艇产业最具代表性的城市。目前三亚专用游艇码头有鸿洲游艇码头、半山半岛帆船港码头、亚龙湾游艇码头（暂时关闭）3 个，登记注册的游艇相关企业近 60 家，游艇俱乐部 4 家。根据三亚市游艇帆船协会的统计数据，截至 2017 年 12 月 31 日，三亚各主要游艇码头共有泊位 1148 个，停放各类游艇共计 425 艘，游艇直接从业人员达 4000 多名。自 2012 年至今 2 个赛季的沃尔沃环球帆船赛均选择三亚以来，海南岛环岛大帆船赛、2017—2020 年克利伯环球帆船赛、“海天盛筵”等盛大赛事展会陆续在三亚成功举办。

### （二）空间分布

我国的游艇码头及俱乐部主要集中在以下四个区域：以深圳为中心的珠三角地区、以上海为中心的长三角地区、以京津冀及山东为中心的华北沿海地区，以及海南地区（以三亚为中心）。

在 CCYIA 评选的中国游艇城市 20 强中，珠三角地区包括深圳、厦门、广州、珠海、中山、汕头等地，其中深圳、厦门的综合得分位居全国首位及第二位。长三角地区包括上海、舟山、宁波、苏州、温州等地，其中上海综合得分位居全国第三。京津冀及山东地区包括青岛、大连、天津、日照等地。海南地区包括三亚与海口。

根据 CCYIA 评估，在中国游艇城市 20 强中，三亚综合排名第四位，仅次于深圳、厦门、上海，在自然环境、政府管理竞争力、游艇服务竞争力几大指标上排名前列，然而由于产业结构限制，三亚在游艇工业竞争力方面落后于珠三角等地城市。

### （三）产业链特点

目前国内已经基本形成了较为完整的游艇旅游产业链条，包括游艇设计与制造、旅游项目运营和专业人才培养等。但是横向对比游艇产业发达国家，如法国、意大利、德国、美国等，由于海洋文化和产业基础的原因，在高端设计、制造、人才培养及消费体量等方面还存在着较大差距。

从三亚游艇产业链来看，目前，三亚的游艇经济效应单一，没有形成有效的游艇经济产业链的发展，基本上以游艇旅游项目运营为主，配套一些基础的维修保养业务。从链条上游看，由于三亚制造业基础不具备游艇生产的产业支撑环境，因此三亚上游的游艇制造业基础薄弱。

产业链中游为游艇流通链条，在三亚的企业模式主要表现为游艇俱乐部运营、游艇销售和租赁。从经营形式来看，三亚游艇产业链中游企业的类型主要分为三种：一是自有码头以俱乐部形式经营运作的游艇会，配套以酒店、娱乐、房地产行业，入会费高昂，主要面向高端客户群体，代表性企业有三亚鸿洲国际游艇会、亚龙湾游艇会、半山半岛游艇会。二是租赁码头以休闲度假为主要运营业务的海上旅游经营公司，主要进行游艇租赁、海上观光、海上垂钓、深海精品潜水、夜游三亚湾、专业远海垂钓、海上婚礼派对等项目，其花费接近普通大众，主要面向中低端客户群体，代表性企业有康大游艇等。三是开展品牌游艇专卖销售的实体店，代表性企业有杰鹏游艇、木头人游艇等。

产业链下游为游艇配套链条，为游艇的相关支持和辅助产业，主要包括游艇码头建设、游艇仓储和转运、游艇相关保险和金融、游艇文化传播和政策保障等。这一环节也是三亚游艇产业链最为薄弱的环节。其中公共码头、船舶及游艇维修中心的规划建设较少是三亚的典型特点。2019 年，海南游艇业实现了“全国首创”，即海南省对境外游艇开展临时开放水域审批试点，成为该领域全国首个试点省份。将原本由交通运输部负责的国家层面的一项行政许可，作为试点交由海南省政府负责实施。此项政策的实施减少了审批层级，极大简化了审批流程。

**（四）政策环境**

首先，一直以来国内在游艇购买、使用方面手续繁杂、限制过严，制约了游艇销售和消费。目前在我国经营私人游艇是非法的，但又普遍存在，游艇租赁缺乏明确的监管主体。与游艇相对关系紧密的海事机构只对船艇安全与环保负责，航运管理机构只对货运及客运负责，既不承担对游艇租赁合法性的认可，也缺乏对之进行违法处罚的法律依据，旅游主管部门也没有有关游艇租赁的条文。同时，游艇行业管理缺失，游艇企业经营管理与监督审批尚无相关法律法规可循，导致游艇产品市场价格混乱，恶性竞争，不利于产业健康发展。

以三亚为例，目前三亚境外游艇入境自由行业务需求大，但受限于相关政策，入境便利性有待在政策优化下进一步改善。2010—2013 年，三亚每年入境游艇数量一度达到 100 多艘，位居全国游艇港口城市前列。近年来，以租赁货物方式进口的境外游艇业务已基本上停滞，2015 年入境自由行游艇访问量同比下降 30%，呈现逐年下降趋势，造成这个问题的重要原因之一就是海关高昂的担保金（担保金额为游艇价值的 43.65%），导致大量境外游艇前往东南亚一带免税的国家，不再选择到海南旅游。

值得注意的是，随着政府支持的三亚市游艇服务有限公司的成立，这一政策壁垒已得到有效缓解。公司以入境担保核心业务为主导，不断开发以客户需求为导向的游艇综合服务业务。致力帮助游艇客户降低运营成本，为往来三亚的外籍游艇，提供办理入出境相关手续、关税保函、码头停泊、维修保养、租赁等综合服务保障；为境外游艇进入海南自驾游、参展参会、赛事活动、文化交流等，提供出入境“一站式”的优质、便捷服务；为境内游艇提供贷款、价值评估、办理船舶证照、托管、航道服务、海面救援、维护保养、培训、陪驾、租赁、信息咨询、赛事保障、监管设备租赁等服务保障。

其次，为更好促进三亚市游艇业的发展，三亚市出台了关于金融业支持游艇产业经济发展的指导意见，但多为宏观指导，未从微观层面具体引导金融业如何有效支持游艇业发展。各大金融机构缺乏开展定位于游艇产业金融产品的意识，相较于传统交通工具所拥有的相关保险产品，金融业支持游艇产业发展仍存在力度小、介入浅、产品少等问题。

**（五）公共服务**

首先，目前在国内，涉及游艇产业发展的管理部门多达 20 个，并且没有明确的主管部门或综合管理部门，各部门管理界限不清、管理模式不一，各个单位之间的信息不能互联互通，管理上存在交叉和盲区，难以形成协作推进的合力，给游艇产业发展带来极大不便。比如：日常管理监督缺乏统筹，处置游客投诉问题比较被动；船籍港所在地办理船舶户口本并未普及外港籍游艇，造成外港籍游艇因办不了户口本而无法出海；进出港口均要办理出港和进港签证；人为地对游艇出海需在日落前的返港时间限制等问题。

其次，公共码头建设是推动游艇产业发展，尤其是小型游艇发展的重要组成部分，在国内外游艇产业发展中普遍受到当地政府的高度重视，作为游艇港口规划建设的法定项目，以满足普通消费者拥有小型游艇等个性化消费需求。目前，三亚还没有真正规范的公共游艇码头，对游艇文化的普及和消费大众化存在较大的制约。

以三亚半山半岛帆船港为例，整个码头的配套设施、安全监管、功能分区、管理运营都较为缺乏，因为企业有诉求，就批给企业，但没有对其做出约定，导致企业对该区域的垄断性占有，以及较高的价位壁垒。根据 CCYIA 调研数据，深圳和三亚游艇俱乐部个人会籍平均在 100 万元人民币以上，最高会籍价格出现在三亚，达到 178 万元；公司会籍平均在 200 万元人民币，最高也在三亚，达到 348 万元。国内各地泊位在 150~350 元 / 英尺 / 月，其中三亚最高，达到 465 元 / 英尺 / 月。

**（六）人才环境**

人才是支撑三亚游艇产业快速发展的重要条件之一，在国内，游艇领域的人才都非常匮乏。目前在三亚，由于相关专业院校毕业生不足、行业竞争激烈等原因，游艇行业不论是技术类人才、销售类人才还是服务类人才都存在非常大的缺口，游艇驾驶、维修、保养、服务、游艇码头建设、海上救生设施、设备建设等方面的专业人才更是严重缺乏。

从旅游行业整体来看，三亚存在一定的“人才飞地”效应。以涉旅产业外籍人才为例，一方面，由于首次工作签证的申请时长及人才竞争目的地国家的影响，部分已经被招聘到三亚涉旅企业的潜在人才，最终流失到其他目的地国家；另一方面，受产业自身发展受限等影响，部分涉旅新兴企业看中的外籍人才，在与岛内高校联合培养后，流失到中国其他城市。这两点，使三亚成为人才“飞地”，造成本地教育、企业、产业及行政成本投入的过度浪费。而这种“飞地”效应，同样反映在游艇旅游产业中。部分游艇企业反映，热带海洋学院培养成熟的相关人才，多数流失到岛外。这对于本来就处于人才缺口状态的三亚游艇旅游，更是雪上加霜。

## 二、三亚游艇旅游的供给侧创新对策分析

游艇旅游从私有到共享、从奢华到大众、从单点到链条，其发展高度倚赖于游艇产业的全方位演进。按照国务院赋予海南“积极探索，先行先试”的原则，三亚在国内率先开展实践，积极创新监管模式和方法，在水域开放、口岸监管、保税仓建设和产业服务保障等方面取得了积极成效，但离海南建设自由贸易区的相关目标，即打造三亚成为区域性、国际化、高水准的游艇旅游中心，在供给侧还需开展更深层次的改革。

本研究认为，只有在游艇产业、游艇文化、游艇社区与游艇旅游“四位一体”格局下全面发展，创建游艇旅游生态共同体，才能确保三亚游艇旅游产业供给侧的健康、有序发展，进而满足游客在基本型、期望型、兴奋型①不同层面、逐级递增的需求，最终促进产业进入良性循环的发展轨道，从而为国内游艇旅游发展树立良好示范。

### （一）“游艇产业”的突围融合

1. 公共码头建设方面

（1）将三亚公共码头建设作为一项硬性指标纳入发展规划，明确使用岸线、水域，为不需要俱乐部或会所服务的小型游艇提供必要发展条件，刺激更多小型游艇的销售与停靠。三亚市政府正在建设的三亚游艇旅游服务中心就是一个创新性的游艇旅游产品整合销售和市场管理的有益尝试。

（2）立足以三亚游艇港规划建设为重点，结合南边海区域改造，进行整个港区布局，完善游艇停泊区规范、公共码头建设、展销平台区、岸上现代服务业设施配套，健全维修维护、餐饮住宿、文化娱乐、休闲购物等，最终建成融合游艇亲水旅游、休闲游憩、娱乐餐饮、科普教育功能于一体的游艇综合体项目。

2. 应急救助方面

（1）构建区域性游艇管理信息系统平台或数据库，为政府管理部门共享游艇信息、规范管理活动提供基础数据。

（2）建立区域性立体化结构的救助设施和设备。由海事机构主导和协调，利用现有AIS 自动识别系统，开发建立一个由游艇、运行企业和管理指导机构三位一体信息源构成的“游艇航行信息系统”实时互动工作平台，并使该系统与口岸四部门联动工作机制

① 来自消费行为学中KANO模型。KANO 模型是东京理工大学教授Noriaki Kano发明的对用户需求分类和优先排序的有用工具。在实际操作中，企业首先要全力以赴地满足顾客的基本型需求，保证顾客提出的问题得到认真的解决，重视顾客认为企业有义务做到的事情，尽量为顾客提供方便。然后，企业应尽力去满足顾客的期望型需求，这是质量的竞争性因素。提供顾客喜爱的额外服务或产品功能，使其产品和服务优于竞争对手并有所不同，引导顾客加强对本企业的良好印象，使顾客达到满意。最后争取实现顾客的兴奋型需求，为企业建立最忠实的客户群。

联网对接。

（3）除官方 12395 外，通过民间力量加强救助协调，形成国家与民间志愿队互动的海上应急救助体系。

3. 产业链培育方面

（1）政府以游艇俱乐部为抓手，联合发改委等有关部门，介入游艇旅游产品的价格指导，以价格为手段规范行业行为，同时，将游艇、帆船安全标准、正规销售渠道及价格指导体系等须知信息印刷成册，免费发放。

（2）建立游艇备案管理制度，将游艇开航前向海事管理机构报告改为向游艇俱乐部通报。这些指导意见也为游艇俱乐部“游客服务 + 协助监管”的角色定位提供了依据。

（3）发展更多的驾驶、培训机构，同时通过走出去的方式，引导企业建立跨界营销的思维，如鼓励本地游艇旅游企业与一线城市大型连锁的健身品牌、青少年户外拓展机构进行联合营销，引导教育潜在消费群体。

（4）嫁接金融行业的小微金融、普惠金融等政策，扶持这些“小而精”的产业链下游企业。

（5）围绕文化培植的赛事及其产业链延伸。

**（二）游艇文化的推广渗透**

（1）在码头综合体的规划中，将游艇主题博物馆作为重要板块进行规划。博物馆是最好的信息与知识聚焦平台，同时，博物馆的启动效应，也更易形成“网红效应”。

（2）在码头综合体项目中，加入以“书吧 + 餐饮”为代表的现代复合商业体模式。以青岛栈桥书店为例，该店是国内首家服务于国内外“文化背包客旅游读者”的集“互联网 + 图书 + 旅游 + 美食 + 出版”的新型模式阅读文化空间，将开启青岛市阅读文化与旅游文化融合的新模式，成为青岛全新的文化地标及有国际影响力的文化名片。书店里充满了浓浓的海洋风，空间设计充满创意的海洋场景风格和青岛记忆相结合，也将成为国内第一家纯正的城市海洋文化场景的书店。

（3）扶持具备挖掘三亚海洋文化、游艇及帆船文化等相关能力的创作团队、出版团队，并借助书吧、书局等复合体模式，商业化运作，形成良性循环。

**（三）游艇社区的土壤培植**

（1）联合省市教育主管部门，研讨游艇产业链目前及未来的人才结构性缺口，以此为基础，探索落地更多的校企合作项目及模式。

（2）鼓励和指导本地大专院校、职业学校开设游艇相关专业，条件成熟后可考虑建立一所专业的职业学校，进行全方位系统的学习，培养从事游艇行业的高素质人才。

（3）加大对本地人才的培训力度，特别是对本地渔民报考游艇驾照，转型就业给予补贴。

（4）抓紧制定完善规范的游艇驾驶员培训、考证等相关管理办法。

（5）大力引进中国香港和新加坡的游艇高级管理和技术类人才来三亚定居和就业，

制定游艇紧缺人才种类的人力资源优惠政策，解决人才的住房、社保、就业及子女入学等问题。

（6）鼓励本地高校与国内相关院校深入交流，如上海海事大学、大连海事大学航海系等相关专业，了解毕业生走向及就业需求，为制定更好的引才留才制度，提供扎实的参考。

（7）针对海南籍专业人才，如毕业后与本市游艇企业签订劳动合同3年以上，予以一定的经济奖励或补贴。

**（四）游艇旅游的全面升级**

游艇本质上是工具，在游艇旅游大众化发展的今天，当大多数政策与法律壁垒逐渐降低甚至消失的时候，“玩什么”才是最重要的问题。2019年农历新年，三亚鸿洲国际游艇会迎来了一艘“超级游艇”。这艘满载国际游客的国籍为开曼群岛的“大船”，原本计划在三亚停留20多天，但根据企业的市场调研反馈，由于当地可玩内容有限，仅停留了10多天，就离开了三亚。

与购船群体相比，“玩船”群体更加在意游艇租赁产品体系的丰富性与产品服务质量。围绕游艇这一“工具”，目的地拥有越丰富的体验内容，就越有吸引力。而承载内容的空间，是由“海岸—海上—海岛”三部分构成的，缺一不可。

海岸方面，建议立足以三亚游艇港规划建设为重点，结合南边海区域改造，进行整个港区布局，完善游艇停泊区规范、公共码头建设、展销平台区、岸上现代服务业设施配套，健全维修维护、餐饮住宿、文化娱乐、休闲购物等，最终建成集游艇亲水旅游、休闲游憩、娱乐餐饮、科普教育功能于一体的游艇综合体项目。特别建议将具备教育、休闲娱乐功能的博物馆、书局等传播海洋、游艇文化中“意识形象”的板块，纳入码头综合体中。

海上方面，调研发现，已有本地企业致力于“海洋牧场”项目的规划、审批与建设运营，建议加快行政审批进程。

海岛方面，相比中国香港等地，三亚周边的自然岛礁相对较少，基于自然资源的相对优势不突出。但是，一方面，西岛等正在紧张建设的大型旅游综合体项目，即将为三亚的海岛空间增添大量的旅游内容。另一方面，已有的离岛及游艇码头，为策划大型主题式活动，提供了天然的节点资源，而这些资源与大型的节庆活动嫁接在一起，就会迸发出巨大的市场魅力。

**参考文献：**

［1］金亚平.游艇，海洋经济的生力军［J］.海洋与渔业，2019（4）：4-5.

［2］李宝轩，赵莹，陈咏梅.我国游艇旅游大众消费市场培育路径研究［J］.湖北经济学院学报（人文社会科学版），2019，16（6）：27-29.

［3］姚云浩，栾维新.游艇旅游研究进展及其启示［J］.海洋通报，2019，38（4）：379-386.

[4] 甘露. 让游艇旅游从“高大上”到“接地气”[N]. 中国旅游报，2015-08-31（004）.
[5] 姚云浩，栾维新. 中国游艇旅游制度困境与对策分析[J]. 大连海事大学学报（社会科学版），2017，16（1）：12-17.
[6] 郭湘闽，郭永振，吴奇，等. 粤港澳大湾区视角下深圳邮轮游艇产业发展策略研究[J]. 特区实践与理论，2018（2）：88-93.
[7] 赵云鹏. 海南休闲体育产业的研究[D]. 北京：首都体育学院，2017.

# 价值链理论视阈下的旅游目的地品牌评价指标体系研究

陈　刚，杨宏浩

（中国旅游研究院，北京 100005）

**摘　要**：文旅融合为旅游目的地的发展提供了更加广阔的空间，特别是富含文化元素的旅游目的地品牌更是其吸引消费者的利器，品牌形象是旅游目的地区别于其他竞争者而保持自身长期竞争优势的法宝。作为市场化竞争的主体，旅游目的地在市场上的竞争，是全价值链的竞争，本文立足价值链理论，研究在互联网技术和电子商务技术高度发达的环境下，通过研究旅游目的地从旅游资源到游客体验等不同环节，甄选出影响旅游目的地品牌评价的重要因素，构建旅游目的地品牌评价指标体系，为旅游目的地品牌化研究提供帮助。

**关键词**：价值链；旅游目的地；品牌评价指标体系

## 一、引言

随着旅游产业竞争的日益加剧，作为旅游产业链上的核心环节——旅游目的地之间的竞争也呈现出白热化的状态。首先，在产品竞争方面，依据各自的资源特色运用现代科学技术，大力设计开发具有时代背景的新产品；其次，在服务方面，从服务人员的素质、技能、态度着手，全方位提供让游客感知到物超所值的服务；最重要的是在消费者认知方面也开始了争夺，品牌作为消费者对旅游目的地认知的标志性符号，被强有力地引进旅游目的地营销实践中。通过品牌营销，建立旅游目的地品牌知名度、美誉度是提升其影响力的重要途径。旅游目的地作为一种特殊的消费品和其他消费品一样，也必须利用品牌化来凸显自己的特征，向游客传达具有吸引力的信息。旅游业已进入品牌竞争时代，随着竞争的加剧，旅游目的地品牌俨然成为游客选择出行地的重要影响因素，特别是旅游目的地品牌个性作为符号文化的一种，对于目标消费者具有较强的吸引力[1]。作为市场化竞争的主体，旅游目的地在市场上的竞争，是全价值链的竞争。本文借助价值链理论研究旅游目的地品牌，从旅游资源到游客体验等不同环节，甄选出影响旅游目的地品牌评价的重要因素，构建旅游目的地品牌评价指标体系，便于旅游目的地在全价值链上对其品牌进行精耕细作，提升旅游目的地的品牌影响力，实现旅游目的地的可持续发展。

---

［**基金项目**］国家社科基金“民族情结属性影响少数民族消费者异质性品牌选择行为的机理研究”（17BGL240）。

［**作者简介**］陈刚（1974—），男，中国旅游研究院博士后，教授，硕士研究生导师，研究方向为旅游目的地营销，E-mail：cgflying@163.com。杨宏浩（1972—），男，中国旅游研究院产业所所长，博士，研究方向为旅游产业运行与旅游企业管理。

## 二、相关理论

### （一）价值链理论

关于价值链的概念最早是由美国哈佛商学院著名战略学家迈克尔·波特提出的，迈克尔·波特在其 1985 年出版的《竞争优势》一书中首次提出了“价值链（Value Chain）”理论，他认为价值链对企业而言主要由基本活动和支持性活动两部分组成。基本活动包括设计、生产、销售、售后服务等；支持性活动包括企业基础设施、内部管理、采购、研究与开发等。基本活动和支持性活动相互配合为企业创造价值（图 1）。

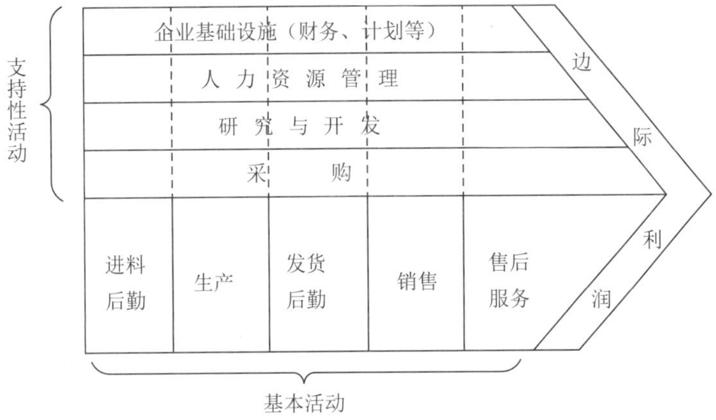


**图 1　迈克尔·波特的价值链理论**

价值链的每个环节都可以为企业创造价值，在市场上企业的竞争，是全价值链的竞争。Kogut C（1985）在波特的基础上，对价值链理论进行了拓展，他指出，价值链是企业通过将劳动力、生产技术和原材料等各种投入的融合形成生产力，为企业进行价值创造的动态过程。把顾客纳入价值链体系是英国学者彼特·海恩斯（Peter Hines）对价值链的贡献，并强调顾客需求是价值链的终点。随着企业间的合作和竞争越来越广泛，Kaplinsky 和 Morris 提出了产业价值链，即企业打破原先的内部价值链的壁垒，将价值链外化，通过市场交易在企业外部寻求合作方，形成更加广泛的价值链，以提升核心竞争力。随着信息技术和网络技术的发展，企业间的竞争从一维的可以感知的物质世界转换到由物质世界和由信息及互联网构成的虚拟世界的两维空间，虚拟价值链应运而生，虚拟价值链的最大特点是信息通过互联网在传递的过程中，体现出信息的价值增值，虚拟价值链的提出更加丰富了价值链理论。

价值链理论从诞生到现在已有 30 多年的历史，价值链思想也从最初的关注单个企业内部的活动发展到不同企业甚至不同行业之间的关联互动。企业内部的产品设计、原材料采购、生产环节、营销环节、售后服务等作为企业内部价值链的重要组成部分，供货商、顾客、物流、金融等作为企业外部价值链的重要组成部分。这两部分共同为企业构成了更大的价值创造体系。

## （二）旅游产业价值链理论

旅游产业就是以游客作为目标消费者，通过旅游资源和设施，为游客食、住、行、娱、购、游等活动提供全方位的服务的综合性产业。旅游产业也包含旅游资源的提供、旅游产品（服务）的设计、市场推广等环节，也具备产业链的特征。价值链理论最早被移植到旅游学科的学者是普恩（Poon，1989）。旅游产业价值链是指旅游产品从供应到最终消费的一系列传递的过程，旅游产品在这传递过程中被不断增值，实现了顾客价值[2]。旅游产业价值链是价值链理论在旅游行业中的具体应用，旅游产业的价值增值也是通过基本活动和辅助活动来实现的。通过将旅游产品和服务提供给游客，游客从旅游产品供应商预订服务、享受中间商提供的服务、评价整体服务等，不同环节通过专业分工和优势互补，对旅游产品（服务）在相应的阶段注入价值最终使得旅游产品实现价值增值被消费。

1. 传统旅游产业价值链

传统意义上的旅游价值链通常包括旅游产品供应商、旅游产品批发商、旅游产品零售商、游客四个环节（图 2）。

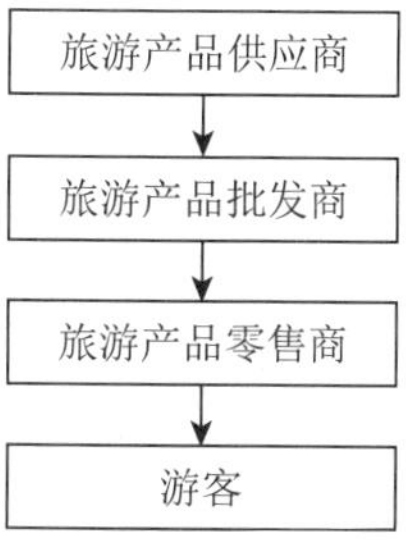


**图 2　传统旅游产业价值链**

旅游产品供应商的业务涵盖食、住、行、游、购、娱等全部过程。具体包括旅游目的地景区的设计开发、食宿的保障、安全保障、旅游接待、娱乐设施的建设、购物环境等，满足游客差异化的需求。

旅游产品批发商是通过和不同的旅游产品供应商进行对接，将不同供应商提供的产品依据一定的标准进行分类、优化组合，凭借自身强大的销售网络向零售商进行市场推广，通过代理佣金或批零差价来获取利润。

旅游产品零售商主要指的是旅行社，是旅游产业链条中直接和游客接触的环节。旅游产品零售商是旅游产品推广的主战场，通过便捷、高效的服务优势，为游客提供旅游产品（服务）售前咨询、过程体验、售后服务等业务。

游客是旅游产品的最终消费者，通过从零售商手里购买旅游产品（服务），参观景点、体验服务、享受价值。

2. 现代旅游目的地价值链网络

伴随着互联网技术和电子商务技术的发展，旅游逐步发展成为涉及面越来越广、融合性越来越强的综合性产业。在新的环境下，为了适应新业态的发展，传统的旅游价值链也在由原来的单一链状模式转向立体的价值网模式。产业链的不同环节也发生了变化，新的环节诸如旅游目的地吸引物、旅游目的地设施、旅游目的地环境以及旅游目的地保障等形成了多对多的互联局面。这种网络状的链条连接方式使得不同节点上的成员之间不再是单线联系，而是形成交叉、互联的网状格式，即形成了现代旅游目的地价值链网络（图 3）。

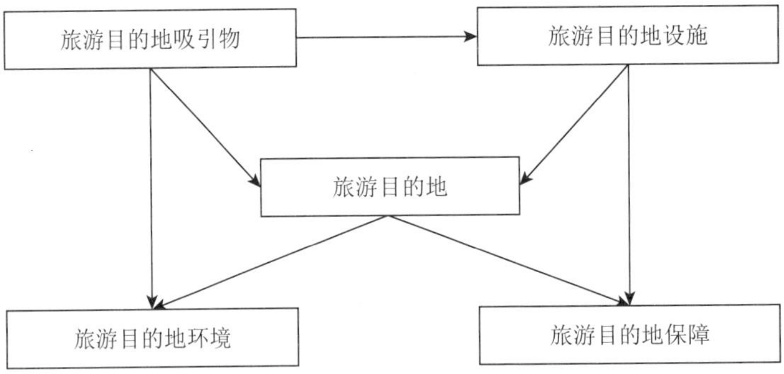


图 3 现代旅游目的地价值链网络

## 三、价值链视阈下旅游目的地品牌构建要素

### （一）品牌价值链

品牌价值链理论（Brand Value Chain）是在价值链理论研究的基础上发展起来的。在价值链理论中，企业被描述成由设计、采购、生产、销售、售后等一系列创造价值的环节构成的实体，不同环节都是产品价值增值的过程。事实上，这种价值链的思想也适合于品牌经营的过程中。众所周知，一个品牌从诞生到成名，经历了包括品牌设计、品牌文化、品牌形象、品牌运营等众多环节，这些环节构成一个链条，进行品牌价值的创造与增值。企业在品牌营销的过程中，通过对品牌精心的设计、精美的 LOGO、赋予品牌深厚的文化、响亮的品牌口号、有影响力的品牌代言人等，终极目标是培育品牌的核心竞争力和品牌价值，所以品牌价值链就是营销者用来追踪品牌价值创造过程。在旅游目的地的品牌价值链中，对游客而言，品牌形象为游客创造了感知价值；对旅游企业而言，品牌形象通过影响游客忠诚对企业产生了经营价值[3]。

### （二）价值链视阈下旅游目的地品牌构建要素

旅游目的地品牌是一个符号、一种象征，代表着一个地区的自然特色和人文特色，是游客对旅游目的地所在区域整体认知的总和。特定地区的旅游目的地品牌是该地区旅游资源区别于其他区域的标志性差异，这种差异同时也是区域旅游业个性化的表现，不同的旅游目的地品牌个性特征吸引不同类型的旅游者[4]。由于知名品牌的溢价功能，消费者往往对于知名产品品牌乐于高价购买和重复消费，同样具有影响力的旅游目的地品牌也会给旅游目的地带来经济、社会、文化及环境等效益的增值。在我国政府的第十三个五年规划中，旅游被提升到重要的经济支柱产业地位。旅游业迎来了前所未有的发展机遇，旅游资源的开发也呈现出井喷式的发展。在这种情况下，旅游目的地要想在日益激烈的竞争中获得优势，就得构建品牌，实施品牌营销战略。依据现代旅游目的地价值链网络，旅游目的地品牌的构建是一项系统工程，受到系统内多种因素的影响，其主要因素包括以下两大类：

1. 基本影响因素

（1）旅游吸引物

旅游吸引物是旅游目的地的核心内容，是旅游目的地核心竞争力得以体现的重心，是有别于竞争对手通过其特有的自然、人文、社会环境等因素对游客构成吸引力的综合体。旅游吸引物是吸引旅游者外出旅游的充分条件，是激发游客产生出游动机的引擎。一个地区要发展旅游，首要的就是其旅游吸引物，旅游目的地品牌构建同样也是基于旅游吸引物展开的，旅游吸引物的特色越明显，其竞争力也就越强。旅游吸引物吸引力的大小会直接影响该旅游地的市场规模、游客的层次及相关旅游产业的发展。在一定程度上，旅游目的地资源就是旅游地最具磁性的吸引物，那些“人无我有”“人有我精”的旅游吸引物是吸引游客到访的利器。所以，具备特色鲜明的旅游吸引物是旅游目的地品牌构建的基础。

（2）旅游产品

旅游产品是一种服务型产品，是游客在旅游过程中所购买的服务或服务与实物的组合。这种产品质量的好坏取决于消费者感知或消费者体验。游客通过对同一旅游目的地不同旅游产品或服务的体验来感知该旅游目的地的综合实力。这种感知上升到一定程度就形成了游客对该目的地的一种品牌认知。

（3）旅游企业

旅游企业是指通过自身所占据的旅游资源，通过提供吸引物、有形设备或服务参与旅游产业不同价值链环节的独立经营核算单位。根据所占有资源的不同，旅游企业主要包括景区、旅游公司、酒（饭）店、旅游新技术提供商及娱乐提供商等。旅游企业是游客完成旅行的重要保障，也是连接游客和旅游目的地的重要媒介。首先，旅游企业为游客提供目的地选择、目的地通达等各种需求，其服务质量直接影响游客的旅游体验，这种体验会间接地影响游客对旅游目的地品牌的感知。其次，旅游企业在为游客服务的同时其本身也是服务的受益者，旅游企业通过提供相关服务获取一定的利润，旅游目的地品牌知名度越高，吸引游客的力度越大，旅游企业获取服务的利润也就越大。旅游企业对于旅游目的地品牌的打造、维护具有重要作用。

（4）旅游从业人员

旅游从业人员是指参与旅游产业链的各项活动，为游客提供各种需求的服务者。旅游产业链主要包括景区、旅游公司、酒（饭）店、旅游新技术提供商及娱乐提供商等，与此相对应的旅游从业人员包括景区管理员、导游、饭店餐馆的老板及服务员、旅游新技术开发人员及景点其他人员等。从行业类型来看，旅游业属于劳动密集型服务业，游客在旅游过程中的不同阶段分别接受相应服务人员的服务。而且很多时候这种服务是面对面的服务，服务人员的态度、水平直接影响游客的服务体验质量和游客对旅游目的地的印象。所以，旅游从业人员的基本素养是决定旅游服务质量的基石。拥有一支高水平、高素质旅游服务人员队伍，会使得旅游服务的质量得以保障，良好的服务质量可以为游客提供超值的服务体验，增强旅游目的地品牌的亲和力、影响力，提升对旅游目的地品牌的认可度。

（5）旅游设施

传统理论认为，旅游有食、住、行、游、购、娱六大要素，这六大要素都需要相应的旅游配套设施去实现。旅游设施是指游客在旅游过程中享受各项服务时所依托的物质设备和设施。主要包括交通运输设施、网络通信设施、安全保障设施、食宿接待设施、娱乐及购物设施等。对旅游目的地而言，旅游设施是旅游目的地经济发展的标志；对游客而言，出门旅游食、住、行、娱体验的好坏都离不开旅游设施，健全完善的旅游设施可以提升游客的旅游质量，获取更高的旅游体验度。所以，旅游设施是旅游目的地品牌构建的重要因素。

2. 辅助影响因素

（1）旅游地居民

游客出游到旅游目的地，除了对当地的自然景色心存向往之外，还对当地的文化、民俗及风土人情比较关注，这就使得游客有必要与当地的居民之间进行互动。旅游目的地居民的行为在一定程度上就代表当地的文化和风俗，这种行为也会影响游客的旅游体验。因此，旅游目的地居民的综合表现对旅游目的地品牌的口碑及评价越来越重要。

（2）旅游环境

旅游作为一种社会化活动，总是在一定的环境中进行的。这种环境既包括自然环境又包括人文环境，自然环境本文在旅游吸引物里已经论述过，人文环境通常也指当地的软环境。旅游目的地的人文环境包括风俗习惯、民俗文化以及当地居民的综合素养等方面。游客通过对旅游目的地的风俗习惯、民俗文化等的人文环境良好的感知，可以增加游客的满意度，提升游客对旅游目的地品牌的评价。

（3）旅游地政策

旅游活动是一项综合性很强的活动，其涉及面非常广泛。旅游业的产业链越长，与其相应的旅游产品衍生品就越多。对游客而言，旅行社、酒店、饭店的服务质量，交通状况，社会治安，通信状况等每一个环节都非常重要。要理顺和协调这些不同行业、不同部门之间的关系，需要相应的政府部门制定切实可行的方针政策，从制度方面建立基本保障，提高旅游地的知名度和美誉度。

（4）旅游地保障

对游客而言，外出旅游相关保障至关重要。游客最关心的是人身安全保障，旅游目的地的安全状况对于游客选择的影响非常重要，如果一个地方政局不稳、社会治安较差，再美的景色也很难吸引更多游客去光顾。还有就是旅游目的地医疗保障，例如，对于西藏地区而言，医疗保障也是游客非常关注的因素，由于西藏地区海拔高、空气含氧量只有内地的70%，很多游客进藏之前担心自己的身体是否能适应当地的气候，在旅游的过程中，万一遇到身体不适，是否会有及时的医疗、医务做保障，是很多游客担心的问题。所以可靠的人身安全及医疗保障也是影响旅游目的地品牌的重要因素之一。

## 四、价值链理论视阈下旅游目的地品牌评价指标体系的构建

以往对于旅游目的地品牌评价，主要从旅游资源和和旅游服务环境方面对旅游目的地品牌进行评价，其中资源要素价值、资源影响力、开发条件及资源潜力等要素是评价旅游目的地品牌的重要内容。也有从品牌标识视角对旅游目的地进行评价，品牌标识应可识别、有意义和激发情感，品牌标识应能够展示目的地的独特卖点等。对于以观光、休闲为主导的旅游目的地而言，旅游六要素食、住、行、游、购、娱，目的地形象，基础设施和管理及服务等维度是其品牌评价指标体系的基本要素。对于旅游目的地品牌的评价指标，现有的研究内容主要集中在资源和服务两个方面。当然，并非旅游目的地品牌的所有维度对游客忠诚都具有显著影响[5]。旅游目的地的资源和服务是影响旅游目的地的基础要素，但仅从这两个方面出发构建的指标评价体系存在一些不足。首先，从资源和服务方面构建的评价指标体系只是立足供给侧的角度衡量目的地本身客观影响力，忽视了需求侧（消费者）感知。其次，从资源和服务方面构建的评价指标体系缺乏文化内涵。

当前，旅游产业发展已经纳入全球价值链和世界旅游版图中，旅游目的地品牌建设应以绿色理念引领产业发展方向；以旅游者需求优化旅游产业结构；以效率导向提升要素配置水平；以科技创新提高旅游产业素质；以优质服务提升旅游全球价值链中间环节[6]。因此，依据价值链理论衍生出的现代旅游目的地价值链网络构建旅游目的地品牌评价体系，不但可以弥补现有研究的缺陷，还能满足当前旅游目的地品牌建设的迫切需求。本文在借鉴国内外相关理论研究成果和其他较成熟的评价体系的基础上，通过文献研究和与相关专家、学者及业界人士的密切沟通探讨，依据价值链理论，甄选构建旅游目的地品牌评价的重要影响因素，并对这些因素进行反复的归纳、整理[7]。为了使这些因素的选择更加全面，随后又集中访谈50名游客，集中了游客选择出行旅游目的地的重点因素，总结提炼旅游目的地品牌评价指标体系。

该体系主要分为四个层面：第一层是目标层，旅游目的地品牌评价指标体系；第二层是准则层，主要是对第一层的总目标进行分解，主要包括旅游目的地吸引物、旅游目的地设施、旅游目的地环境、旅游目的地保障等；第三层是要素层，具体而言就是对准则层的影响因素进行分类，主要包括旅游资源、旅游产品、旅游品牌，基础设施、辅助设施，自然环境、人文环境、旅游氛围，安全保障、医疗保障等；第四层是指标层，指标层主要是对上一层的明细化，就是通过可操作性较强的指标对要素层进行具体的实施[8]，共包含28个具体指标（表1）。

**表 1　价值链视阈下旅游目的地品牌评价指标体系**

| 目标层 | 准则层 | 要素层 | 指标层 |
|---|---|---|---|
| 旅游目的地品牌评价指标体系 | 旅游目的地吸引物 | 旅游资源 | 可观赏性、资源多样性 |
| | | 旅游产品 | 线路合理性、旅游产品价格、旅游产品质量 |
| | | 旅游品牌 | 旅游地品牌知名度、旅游地品牌美誉度 |
| | 旅游目的地设施 | 基础设施 | 交通条件、食宿条件、娱乐设施、购物条件 |
| | | 辅助设施 | 旅游厕所、废弃物处理、沿途服务设施 |
| | 旅游目的地环境 | 自然环境 | 空气质量、气候舒适度、景观特色 |
| | | 人文环境 | 地域文化特色、民风民俗、信仰系统 |
| | | 旅游氛围 | 居民好客度、服务人员水平、服务人员态度 |
| | 旅游目的地保障 | 安全保障 | 公众安全感、游客投诉与反馈机制 |
| | | 医疗保障 | 就医便利度、医疗水平、医疗费用 |

## 五、结语

本研究依据价值链理论，在前人研究成果的基础上，通过分析和梳理并结合旅游目的地的特点，构建旅游目的地品牌评价的指标体系。首先，依据系统性、科学性、普适性、特色性等要求提出了旅游目的地评价指标体系构建的基本理念和原则，为体系的构建指明了方向；其次，运用价值链理论确定了旅游目的地品牌价值组成的相关要素，并对这些因素进行了分析；最后，结合旅游目的地的特点构建出旅游目的地品牌评价指标体系。这一评价指标体系为旅游目的地品牌的实证研究奠定了基础。

**参考文献：**


［1］黄胜兵，卢泰宏.品牌个性维度的本土化研究［J］.南开管理评论，2003（1）：4–9.

［2］李容树.以旅游目的地为核心的旅游产业价值链构建［J］.沈阳大学学报，2015（2）：62–65.

［3］蒋廉雄，卢泰宏.形象创造价值吗？——服务品牌形象对顾客价值—满意—忠诚关系的影响［J］.管理世界，2006（4）：106–114.

［4］周春燕，Philip Wang.美国国家公园品牌个性实证研究［J］.资源开发与市场，2017，33（5）：619–625.

［5］张春晖，白凯.乡村旅游地品牌个性与游客忠诚：以场所依赖为中介变量［J］.旅游学刊，2011，26（2）：49–57.

［6］田磊.全球价值链下中国旅游产业绿色化评价与升级研究［D］.济南：山东师范大学，2019.

［7］Florian Kock，Alexander Josiassen，A George Assaf. Advancing destination image：The destination content model［J］. *Annals of Tourism Research*，2016（61）：28–44.

［8］Dimitrios Stylidis，Amir Shani，Yaniv Belhassen. Testing an integrated destination image model across residents and tourists［J］. *Tourism Management*，2017，58（1）：184–195.

# 我国旅游业用地概念内涵及分类探讨

宋子千
（中国旅游研究院，北京 100005）

**摘　要：**本文对我国法律法规、政策文件中的旅游业用地相关提法以及研究者对旅游业用地概念和分类的探讨进行了梳理，在此基础上对旅游业用地概念及分类做了进一步思考。文章提出以旅游业用地替代旅游用地概念，旅游业用地是指支撑旅游业发展的各种用地的统称，具有综合性、复合性、变化性等特征；构建旅游业用地分类体系必须坚持和土地分类体系相衔接、符合旅游业实践需要、满足生态安全和高效土地利用需要的原则，并基于“旅游功能—用地形态—土地分类”三者合一的思路提出了新的旅游业用地分类体系。

**关键词：**旅游业用地；概念；分类

对旅游业用地的界定是旅游业用地政策研究的基础问题。本文拟在对法律法规、政策文件和文献中的旅游业用地相关提法进行梳理的基础上，探讨符合我国土地管理制度和旅游业发展实践的旅游业用地概念和分类。

## 一、法律法规和政策文件中旅游业用地的相关提法

目前在我国法律法规和政策文件中，对于旅游业用地并没有一个明确的概念和统一的分类，而是存在多种相关的提法。

### （一）我国土地法律法规中的旅游业用地

较早提及旅游业用地的法律法规是 1990 年国务院颁布的行政法规，即《中华人民共和国城镇国有土地使用权出让和转让暂行条例》（国务院令第 55 号）。这部法规在第十二条中提出土地使用权出让最高年限按用途确定，其中第四款提到“商业、旅游、娱乐用地四十年”。这个年限是所有用途中使用年限最短的（居住用地七十年；工业用地五十年；教育、科技、文化、卫生、体育用地五十年；综合或者其他用地五十年）。

1994 年 7 月，第八届全国人民代表大会常务委员会第八次会议通过《中华人民共和国城市房地产管理法》，其中第十三条规定：“土地使用权出让，可以采取拍卖、招标或者双方协议的方式。商业、旅游、娱乐和豪华住宅用地，有条件的，必须采取拍卖、招标方式；没有条件，不能采取拍卖、招标方式的，可以采取双方协议的方式。采取双方

［基金项目］国家社会科学基金项目“我国旅游业用地政策系统评估和优化研究”（批准号：17BGL118）资助。
［作者简介］宋子千（1974—），男，湖南隆回人，经济学博士，中国旅游研究院首席战略研究员、政策与科教研究所所长，主要研究方向：旅游治理体系、旅游发展理论，E-mail：bjsongziqian@126.com。

协议方式出让土地使用权的出让金不得低于按国家规定所确定的最低价。”这是旅游业用地问题首次见诸国家法律条文。经过 2007 年、2009 年、2019 年三次修正，该条款没有变化，今天依然适用。可以看出，《城市房地产管理法》在很大程度上是延续了《城镇国有土地使用权出让和转让暂行条例》的提法，将旅游和商业、娱乐等并列，强调的是土地用途，而不是作为一种正式分类提出来的。

1998 年 8 月，根据第九届全国人民代表大会常务委员会第四次会议，对《中华人民共和国土地管理法》进行修订，增加第四条：“国家实行土地用途管制制度。国家编制土地利用总体规划，规定土地用途，将土地分为农用地、建设用地和未利用地。……建设用地是指建造建筑物、构筑物的土地，包括城乡住宅和公共设施用地、工矿用地、交通水利设施用地、旅游用地、军事设施用地等……”其中明确提到“旅游用地”一词，且将其作为建设用地的一种。联系上下文来看，这一概念带有一定土地分类性质。2019 年新修订的《土地管理法》仍然保留了这一条款。

**（二）我国土地分类政策文件中的旅游业用地**

改革开放后，我国长期使用的土地分类依据主要是全国农业区划委员会 1984 年印发的《土地利用现状调查技术规程》和国家土地管理局1989年制定并于1993年修订的《城镇地籍调查规程》。两个规程均采用两级分类。

前者在一级类“居民点及工矿用地”下的二级类“特殊用地”中提到“旅游”字样。“特殊用地”含义是“指居民点以外的国防、名胜古迹、风景旅游、墓地、陵园等用地”。

后者在一级类“商业金融用地”下单列一个“旅游业”二级类，含义是“指主要为旅游业服务的宾馆、饭店、大厦、乐园、俱乐部、旅行社、旅游商店、友谊商店等用地”。除此之外，在“商业金融用地”中另一个二级类“商业服务业”中，以及一级类“市政用地”下二级类“绿化”中，也分别提到饭店、旅社和公园、动植物园、风景名胜等和旅游业直接相关的内容。

在这两个文件的基础上，2001 年原国土资源部制定了一个城乡统一的《全国土地分类（试行）》，2001 年 8 月印发，2002 年 1 月 1 日起试行。前两个文件中的土地分类停止使用。《全国土地分类（试行）》采用一级、二级、三级三个层次的分类体系，共分 3 个一级类、15 个二级类、71 个三级类。该分类没有直接提旅游业用地或旅游用地，和旅游业用地最相关的主要有：一级类“商服用地”下的二级类“餐饮旅馆用地”和“其他商服用地”，前者含义为“指饭店、餐厅、酒吧、宾馆、旅馆、招待所、度假村等及其相应附属设施用地”，后者包括旅行社、运动保健休闲设施、夜总会、俱乐部、高尔夫球场等用地；一级类“建设用地”二级类“公用设施用地”下的三级类“瞻仰景观休闲用地”，其含义为“指名胜古迹、革命遗址、景点、公园、广场、公用绿地等”。

为便于第二次全国土地调查，中国土地勘测规划院和原国土资源部地籍管理司起草了《土地利用现状分类》国家标准（GB/T 21010—2007），2007 年 8 月由原国家质量监督检验检疫总局和国家标准化管理委员会共同发布。这一标准采用两级分类，和《全国土地分类（试行）》类似，没有直接提旅游业用地或旅游用地，和旅游业用地最相关的主要有“商服用地”下设的“住宿餐饮用地”和“公共管理与公共服务用地”下设的“风景名胜设施用地”。前者指主要用于提供住宿、餐饮服务的用地，包括宾馆、酒店、饭店、旅馆、招待所、度假村、餐厅、酒吧等；后者指风景名胜（包括名胜古迹、旅游景点、革命遗址等）景点及管理机构的建筑用地，景区内的其他用地按现状归入相应地类。另外，“公共管理与公共服务用地”下设的“公园与绿地”，其含义是城镇、村庄内部的公园、动物园、植物园、街心花园和用于休憩及美化环境的绿化用地，和旅游业用地也比较相关。

2017年11月开始实施的国家标准《土地利用现状分类》（GB/T 21010—2017），对2007年版本进行了修改。和旅游业用地相关内容的修改主要有两个方面：一是将二级类“风景名胜设施用地”从一级类“公共管理与公共服务用地”调整到一级类“特殊用地”中，并将其含义修改为“指风景名胜景点（包括名胜古迹、旅游景点、革命遗址、自然保护区、森林公园、地质公园、湿地公园等）的管理机构，以及旅游服务设施的建筑用地。景区内的其他用地按现状归入相应地类”；二是将原一级类“商服用地”下的二级类“住宿餐饮用地”细分为两个二级类“旅馆用地”和“餐饮用地”，并在“商服用地”下新增二级类“娱乐用地”，“指剧院、音乐厅、电影院、歌舞厅、网吧、影视城、仿古城以及绿地率小于65%的大型游乐等设施用地”。

此外，建设部门主要从建设角度对城市用地进行了分类。1990年7月，建设部发布《城市用地分类与规划建设用地标准》，该标准为国家标准，编号为GB J137—90。采用的是三级分类，和旅游业用地最相关的是“旅馆业用地”“文物古迹用地”“公园”等小类。2010年12月，住建部发布了修订后的新标准，编号为GB 50137—2011。采用的依然是三级分类，和旅游业用地最相关的用地，除了和旧标准一致的“旅馆用地”“文物古迹用地”“公园绿地”等小类外，还有“康体用地”小类中提到的赛马场、高尔夫、跳伞场等用地。

**（三）其他政策文件中的旅游业用地**

在其他很多政策文件特别是近年的政策文件中，也会涉及旅游业用地问题，但是这些文件多是从政策支持角度提出一些关于旅游业用地的具体意见，基本不涉及旅游业用地的概念和分类问题。如2009年12月出台的《国务院关于加快发展旅游业的意见》（国发〔2009〕41号）提出，“年度土地供应要适当增加旅游业发展用地。积极支持利用荒地、荒坡、荒滩、垃圾场、废弃矿山、边远海岛和可以开发利用的石漠化土地等开发旅游项目。支持企事业单位利用存量房产、土地资源兴办旅游业”。

需要特别强调的一个文件是2015年11月原国土资源部、住房和城乡建设部、原国家旅游局联合出台的《关于支持旅游业发展用地政策的意见》（国土资规〔2015〕10号）。这个文件是到目前为止，唯一一个以旅游业用地为主题、对旅游业发展用地政策进行系统规定的中央层面文件。该文件多处提到“旅游业用地”一词，但是没有做出界定，同时并存的还有“旅游业发展用地”和“旅游产业用地”。从文件内容来看，所谓的“旅游业用地”涉及自然景观用地、影视城和仿古城等人造景观用地、住宿和餐饮等旅游接待设施用地、旅游厕所用地、邮轮游艇码头用地、自驾车房车营地用地、乡村旅游用地、风景名胜用地等多种类型。

## 二、研究者对于旅游业用地概念和分类的探讨

由于法律上没有明确阐释，地类上也没有对应标准，研究者对旅游业用地相关概念和分类做了诸多探讨。要注意的是，多数文献采用的是“旅游用地”一词。

### （一）对旅游业用地概念的探讨

从定义界定的思路来看，大体上可以分为两类。

第一类是狭义上的定义，将旅游业用地等同于风景旅游用地尤其是风景名胜区用地。这类定义往往结合风景名胜区规划等实践，参考《土地管理法》中“旅游用地”提法和土地分类体系中对景观用地的定义，将“旅游用地”限定在风景名胜区等建设用地范畴。比如，郭焕成（1981）在针对十三陵地区的研究中提出，旅游用地指陵园和名胜古迹及为其服务的建筑用地；郭焕成（1987）提到，中国科学院地理研究所拟定的土地利用分类系统将旅游用地作为特殊用地的一种类型，和军事用地、外事用地、自然保护区并列，含义指风景游览区、名胜古迹；朱德举（1996）将旅游用地界定为风景旅游区土地，认为旅游用地是风景旅游区内人们从事旅游活动的场所，是自然作用与人类活动之间进行物质循环、能量循环、信息传递的复杂系统，是最基本、最广泛的具有旅游功能的各种因素的组合；王万茂（2003）认为，一般人们所提到的旅游用地是指县级以上人民政府批准公布确定的各级风景名胜区的全部土地。随后更多的研究者跳出了风景名胜区和建设用地的范围，将旅游业用地指向一般的景观休闲用地。如梁栋栋、陆林（2005）认为，旅游用地是旨在保护具有美感的自然景观和满足人们精神文化的需要，供观赏、游览、文化娱乐、教育和科研使用的特殊土地；章牧、李月兰（2006）提出，旅游用地是由原生的自然景观与人文景观共同组合的可供观赏、游览、娱乐、教育和科考使用的特殊土地；张娟（2008）认为，旅游用地是指在地球表层的特定区域，由气候、地貌、岩石、土壤、植被、水文地质、动物、人类活动的种种结果组成的土地生态系统中，凡是具有游憩功能的、可以被旅游业所利用的自然、经济、历史综合体；胡千慧、陆林（2009）指出，具有游憩功能，可以被旅游业利用的各类土地资源都应视为旅游用地。

第二类是广义上的定义，从旅游活动全环节或旅游业发展的角度来界定旅游用地。比如，毕宝德（2000）认为，旅游用地就是旅游业用地，即在旅游地内为旅游者提供游览、观赏、知识、乐趣、度假、疗养、娱乐、休息、探险、猎奇、考察研究等活动的土地。这一定义显然比景观休闲用地要广泛，包括度假、疗养、休息、娱乐等用地。吴郭

泉等（2008）沿用了上述定义。后来的研究者进一步明确把旅游接待服务设施用地纳入。比如，周菲菲（2010）提出，旅游用地包括旅游客体用地、旅游媒介要素用地以及旅游辅助要素用地；徐勤政等（2010）提出，旅游用地是指旅游要素在空间范围的分布和联接，是指旅游单位（与旅游业相关的独立主体，包括旅游吸引物、旅游接待设施等）在城市中的数量和分布；王金叶等（2015）提出，旅游用地是国土资源的重要组成部分，主要指各种直接用于旅游活动的土地和间接服务于旅游发展的土地。

### （二）对旅游业用地分类的探讨

旅游业用地分类和其概念内涵具有很强的关联性，对旅游业用地的界定决定了旅游业用地分类的依据和范围，因而较多文献在对概念内涵进行分析的基础上，进一步讨论了旅游业用地的分类问题，仅有少数文献直接讨论了旅游业用地分类问题。对旅游业用地分类的探讨总体上也可分为两类观点。

一类观点是在建设用地范畴内对旅游业用地进行分类。早期关注的主要也是风景区的用地分类。如吴承照和过宝兴（1991）将名山风景区旅游用地划分为游赏用地（包括游赏地和游赏路线用地）、硬部门用地（接待服务设施用地、旅馆业、旅游交通运输等产业用地以及休憩娱乐用地）和软部门用地（风景名胜管理机构用地和常住人口生活用地）。后来的一些研究考虑到了城市乃至乡村地区的旅游业建设用地分类问题。如：徐勤政等（2010）以北京市新城规划旅游用地为例，设计了三种旅游用地分类方案。其推荐的第一种方案以《城市用地分类与规划建设用地标准》（GB J137—90）为参照，将旅游用地分为旅馆业用地、公益性游乐用地、经营性游乐用地、经营性康体休闲用地、休疗养用地、游乐公园用地、民俗旅游用地 7 类。席建超（2013）明确指出，“旅游用地”属于建设用地的一种，主要指用来旅游开发和建设的建筑物、构筑物的用地，是与“城乡住宅和公共设施用地、工矿用地、交通水利设施用地、军事设施用地”等同的用地类型，是一种功能性用地。他将旅游用地分为三种类型：一是“旅游产业发展用地”，指服务于“热点”旅游城市（乡村、景区）产业转型升级的用地类型；二是“旅游项目开发用地”，指服务满足旅游“温”“冷”区或者一般城市休闲度假需求的用地类型；三是“公益性旅游项目用地”，指与旅游活动相关的各种公益性质的博物馆、展览馆等用地类型。

另一类观点从旅游活动开展或旅游业发展的整体角度对旅游业用地进行分类。这类观点出现得要晚一些，从一开始就突破了风景区和建设用地的局限，广泛涉及了农用地、建设用地和未利用地等不同类型。比如：张娟（2008）将旅游用地分为 5 个层次，一级类“旅游用地”下设“娱乐景观用地”和“旅游接待及生产用地”2 个二级类，再依次往下细分三级。吴冠岑等（2013）将乡村旅游用地分为乡村游赏用地、旅游服务用地和公用设施用地三大类。刘杰等（2013）采用三级分类，将生态旅游用地按景观与服务功能差异分为生态旅游自然景观用地、生态旅游人文景观用地和生态旅游服务设施用地 3 个一级类，其中生态旅游自然景观用地和生态旅游人文景观用地是景观用地，生态旅游服务设施用地是支撑生态旅游发展的服务用地。陈文娣（2014）提出以旅游用地作为一级类，将生态保护用地、旅游游赏用地、旅游基础设施和公共服务设施用地、旅游商业开发用地、其他旅游用地 5 类用地作为二级类，下设 16 个三级类。王金叶等（2015）以《土地利用现状分类》（GB/T 21010—2007）为基本依据，构建了包括旅游设施用地、旅游地产用地和旅游景观用地 3 个二级地类、9 个三级地类和 20 个四级地类的旅游用地分类体系。苏子龙等（2017）提出一个四级分类体系：一级地类分为建设用地和非建设用地，并分别对应旅游设施用地和旅游生态用地 2 个二级地类，其中，旅游设施用地下设游憩设施用地、基础设施用地、服务设施用地和管理设施用地 4 个级地类和分属的 14 个四级地类，涵盖了为游憩活动提供直接和间接支持的所有设施用地；旅游生态用地主要以自然资源为旅游吸引物，在开发过程中不改变原有用途和功能，下设耕地、园地、林地、草地、水域和其他土地 6 个三级地类。余中元等（2019）基于社会生态系统理念，从全域旅游视角，依据旅游用地社会生态系统的要素组成、结构和功能对旅游用地进行了分类，在旅游用地一级类下，设资源系统用地、用户系统用地、基底系统用地、相互联系用地 4 个二级用地类和自然景观用地、人文景观用地等 20 个三级地类，自然保护区管理用地等 53 个四级地类。

## 三、对于旅游业用地界定及分类的进一步思考

### （一）旅游业的成长与对旅游业用地认识的深化拓展

我国旅游业发展起步晚，真正意义上的旅游业发展是在改革开放之后。一开始主要着重于入境旅游，国内旅游连统计都没有，整个旅游业市场规模和产业规模都非常有限。1993 年 11 月，国务院办公厅转发原国家旅游局的文件《关于积极发展国内旅游业的意见》，首次明确将发展国内旅游纳入国家政策，我国旅游业规模迅速扩大。1994 年我国首次公布国内旅游总花费，为 1023.51 亿元，不到当年国际旅游外汇收入 73.23 亿美元的 2 倍。随着城乡居民收入快速增长和双休日制度的实施等，国内旅游保持高于入境旅游的速度增长。1998 年，我国国际旅游外汇收入 126.02 亿美元，国内旅游总花费 2391.18 亿元，国内旅游总花费相当于国际旅游外汇收入的 3 倍。该年我国国内生产总值 85195.5 亿元，旅游总收入大致相当于 GDP 的 4%。在当年的中央经济会议上，旅游业与房地产、信息产业等一起被列为“国民经济新的经济增长点”。进入 21 世纪后，我国旅游业持续快速发展，不仅规模继续扩大，而且范围大大拓展，新业态、新商业模式层出不穷，和国民经济社会发展的关联越来越紧密。2009 年 12 月，国务院出台《关于加快发展旅游业的意见》，把旅游业培育成国民经济的战略性支柱产业和人民群众更加满意的现代服务业，提出了建设世界旅游强国的目标。

在上述背景下，无论是法律法规和政策文件中关于旅游业用地的提法，还是研究者对旅游业用地的相关探讨，都明显可以看出有一个对旅游业用地不断深化拓展认识的过程。

改革开放初期，我国法律法规和政策文件对旅游业用地是“点到为止”。1984 年《土

地利用现状调查技术规程》只是将名胜古迹和风景旅游并列作为特殊用地的具体内容。1989年《城镇地籍调查规程》提出了"旅游业"二级类，但是界定的旅游业偏于旅游接待行业。其中还特别强调了"友谊商店"，显然和当时着重发展入境旅游有关。当旅游业日渐成为国民经济的重要产业之后，旅游业用地问题明显得到更多的重视。2001年《全国土地分类（试行）》是后来土地分类标准的基础，该分类体系涵盖了餐饮、住宿、旅行社、景观休闲等多个和旅游业相关的用地类型，并且提到了"高尔夫球场"，这正是在当时旅游开发中遍地开花并造成了很大社会影响的一类旅游项目。2015年中央层面出台了以旅游业用地为主题的文件，这一文件覆盖了大多数旅游业用地类型，并且提到了影视城、仿古城、旅游厕所、邮轮游艇码头、自驾车房车营地等当时旅游业发展中广受关注的新业态、新领域。2017年原国土资源部组织对《土地利用现状分类》标准进行了修订，也考虑了影视城、仿古城以及大型游乐设施用地等新的旅游业用地形态。

理论研究方面的情况和此类似。从文献数量来看，在改革开放之初每年仅有零星几篇提及"旅游用地"或"旅游业用地"的文献，但从20世纪90年代末开始数量显著增加，到了近10年，每年提及"旅游用地"或"旅游业用地"的文献数量达到500篇上下，并且以旅游业用地为主题的文献也越来越多。从内容来看，涉及旅游业用地的概念、分类、规划、空间演变、政策制约和创新等方方面面，特别是对旅游业用地概念内涵的认识，不断有新的突破，逐渐从对景区用地、建设用地的关注，发展到对各种旅游业用地形态、覆盖三大地类的研究。

### （二）风景旅游用地、旅游接待设施用地和旅游业用地

从前面的叙述中可以看出，早期人们对旅游业用地的关注主要在于风景旅游用地和旅游接待设施用地。在有关政策文件中，甚至只侧重其中的一个方面。理论研究也是如此，在对旅游业概念内涵的探讨中明显存在两种倾向：一种侧重于景观休闲用地，另一种侧重于旅游接待设施用地。当然，政策法规实践和理论研究之间本来就存在很强的交互影响。

为什么会出现上述情况？这和旅游理论与实践的发展史有关。从理论研究的学科介入来看，介入旅游领域最多的也就是地理学和经济学、管理学。由于不同学科学者的专业背景不同，导致他们对旅游业用地的关注点和思维方式也会有差异。我国早期很多研究旅游的学者都是从地理学科转入，自然对风景旅游关注更多。到了20世纪90年代后，从经济或管理学科转入的旅游研究者逐渐增多，对旅游接待行业的研究也就多了起来。从理论研究进展来看，最成熟的两个旅游研究领域就是户外游憩研究和旅游接待业研究，美国等国家甚至很少设立类似于我国旅游管理专业这种笼统的专业，户外游憩和旅游接待业往往分别设立专业。从实践发展来看，早期的旅游活动以观光旅游为主，因而景观构成了旅游活动的核心，景观用地自然容易得到关注。虽然接待设施是改革开放前期旅游业的短板，但是由于此时我国旅游市场是卖方市场，因而旅游接待行业长期没有作为规划的重点。当时很多旅游规划都是资源导向型的，旅游业发展的主要任务是把景区开

发出来。随着旅游市场规模的扩大，旅游接待行业在满足旅游者需要的同时也给地方带来了可观的效益，加上旅游市场逐渐转变为竞争性市场，旅游接待行业的重要性逐渐显现出来，在用地中也就必须加以考虑。之后，旅游活动从以观光旅游为主转向观光、休闲、度假、专项并重，各种非传统旅游资源不断得到开发，各种非传统旅游场所不断得到利用，各种旅游新业态、新商业模式不断产生，人们逐渐认识到旅游业用地不只是景观休闲用地和旅游接待设施用地，旅游业用地的综合性、复合性也就提出来了。此外，在旅游业发展过程中有两个方面的实践明显起着引领作用，一个是前面提到的规划实践，另一个是行业管理实践。前一方面的实践一开始由地理学者主导，后来又加入了很多城市规划学者，他们多对风景旅游用地更为关注。后一方面的实践在开始的时候主要局限于旅行社、导游、饭店等旅游接待行业的管理（原国家旅游局的前身是中国旅行游览事业管理局，早期是和中国国际旅行社合署办公的，直到 1982 年国家旅游局才正式挂牌成立），这种情况也反映在国民经济统计分类等相关管理体系中（在国民经济统计行业分类中，“旅游业”条目主要指旅行社业），自然也影响到了人们对旅游业用地的认识。

顺便要提及的是，上面的分析实际上已经指出，旅游业用地并不都是建设用地。粗略地说，旅游业用地不等同于风景旅游用地，即使是风景旅游用地也不都是建设用地；旅游接待设施用地多属于建设用地，但是旅游者观赏或体验的对象可能是一片森林、一个湖泊、一块农田、一处滩涂，因而景观休闲用地很可能属于农用地和未利用地。鉴于旅游业用地涉及多种形态、多种性质的用地，不能笼统地说旅游业用地属于建设用地。

### （三）是旅游用地还是旅游业用地

对旅游业用地的研究可以追溯至 20 世纪 80 年代初期，当时在对土地分类等的研究中就涉及了旅游业用地问题。由于当时我国旅游业实质上还没有真正成为一个产业，因此研究者多从旅游活动或旅游事业开展的角度考虑，提出的是旅游用地概念而非旅游业用地概念。前面提到，中国科学院地理研究所在拟定土地利用分类系统时采用的也是旅游用地一词。这种情况对后来旅游业用地理论研究和实践发展产生了长远影响，即使是今天，“旅游用地”的使用频率还是远远高于“旅游业用地”。笔者于 2020 年 3 月 12 日在中国知网的查询结果显示，全文中含有“旅游用地”一词的文献有 517 篇，而含有“旅游业用地”一词的文献仅有 34 篇，其中还包括同时并含二者的 22 篇。尽管如此，笔者认为，在多数情况下，使用“旅游业用地”一词可能比“旅游用地”一词更合适。

首先，可以和《土地管理法》中提到的“旅游用地”相区别。作为土地管理的专门法，《土地管理法》的权威性毋庸置疑。这部法律明确提出“旅游用地”用语并将旅游用地作为建设用地的一类，但是很多研究者或文献中提到的旅游用地就是指泛泛而言的旅游活动或旅游业发展用地，并不是建设用地所能涵盖的，这实际上和《土地管理法》的用法存在冲突。在实践中，由于《土地管理法》没有对旅游用地做出明确界定，出于可操作性，土地利用现状分类国家标准等文件避开了“旅游用地”提法，而采用更加具体的住宿餐饮用地、景观休闲用地等提法。因此，为了方便讨论旅游业用地的概念内涵和分类，笔者建议采用“旅游业用地”一词作为研究对象的统称。（当然，更根本的解决办法，还是应该对《土地管理法》进行修订，比如说将旅游用地修订为旅游设施用地，这相对更为准确且易于理解。）

其次，“旅游用地”中的“旅游”一词含义较为模糊，采用旅游业用地概念可以部分避免由于旅游概念模糊而带来的一些混淆。旅游概念是旅游研究最基础的概念，同时也是一个难题。在不同文献中人们提到的“旅游”其所指对象存在很大不同，有的指作为旅游研究对象的旅游现象，有的指旅游业，有的指旅游活动。即使同指作为人类行为的旅游活动，有的地方所说的旅游范围要宽一些，比如作为各国旅游统计基础的世界旅游组织给的统计定义，旅游包括出于休闲、事务和其他目的到惯常环境之外的旅行和逗留；而有的地方所说的旅游范围要窄得多，仅指休闲性的、愉悦性的旅游，如反映社会常识的《现代汉语词典》对旅游的解释是“旅行游览”。由于“旅游”概念的模糊，“旅游用地”的含义自然也就难以界定清楚。更麻烦的是，用地是落在一定具体空间上的，而旅游（活动）的本质在于移动性和异地性，一次完整的旅游活动是旅游者从常住地到异地再返回的全过程，两者之间具有内在的冲突。实际上，实践中一般不会考虑一次完整的旅游活动用地，而只会考虑在特定空间进行特定旅游活动的用地问题，从供给角度来说，也就是一个地方旅游业发展的用地问题。因此，虽然旅游业用地概念也有这样那样的问题，但是由于在行业管理等实践中已经对旅游业形成了一些规范性认识，在此基础上延伸的旅游业用地概念其含义相对也更为明确。国土资规〔2015〕10号文件采用的正是旅游业发展用地和旅游业用地等提法，而没有采用旅游用地提法。

从旅游业发展和旅游活动开展两个角度来讨论旅游业用地问题其实是相通的。因为从旅游业的概念本质来说，它就是为人们进行旅游活动提供产品或服务的组织的总和。有些研究者也明确提出旅游用地即旅游业用地，如毕宝德（2000）。本文选择使用旅游业用地提法，在这一概念下可以方便地讨论旅游业发展的相关用地问题，其含义和部分研究者或文献中提到的“旅游用地”类似。

还要说明的是，有部分文献采用的是旅游产业用地概念，如原国土资源部对桂林旅游业用地改革方案的批复文件名称是《关于桂林旅游产业用地改革试点总体方案的批复》，这种提法也不是很准确。所谓产业，一般指构成国民经济的行业或部门，在产业经济学中，尤指提供相同或类似产品的企业的总和，这些产品之间具有很强的替代性。可见产业的概念具有明显的经济性质，这一点和事业不同，事业强调的是公益性。在生产生活实践中，二者并不是截然分开的。比如对于文化领域，在政府文件中经常并提文化事业和文化产业。对于旅游业来说，同样存在产业和事业的区分，实际上由于旅游业中事业的成分所占比重非常大，用旅游产业来指代旅游业是不全面的。旅游业的范畴要比旅游产业大得多，旅游业的发展在很大程度上依赖于政府和社会提供的公共产品和服务，包括交通、通信、卫生、环保、社会治理等许多方面。特别是相关文件关注的景观休闲用地，如风景名胜区、文物保护单位、森林公园等，其实大多数都属于事业的范畴。

从以上分析来看，旅游产业用地概念是个较小的概念，大多数的时候采用旅游业用地概念更为准确（当然，在不那么严谨的情况下，二者也可以混用）。

**（四）旅游业用地的概念**

简言之，旅游业用地就是指旅游业发展涉及的用地。它并不是一个单一的用地类型，而是支撑旅游业发展的各种用地的统称。旅游业用地具有几个明显的特征。

一是综合性。这种综合性首先体现在旅游业用地涉及多种形态的用地。有的研究者也称为多样性。笼统地说，旅游业用地包括景观休闲用地、旅游接待设施用地、旅游基础设施用地等不同类型，进一步说景观休闲用地又包括风景名胜用地、农业景观用地、游乐场所用地等不同类型，旅游接待设施用地又包括住宿设施用地、餐饮设施用地、购物场所用地等不同类型。关于怎么分类的问题接下来还要讨论，这里不再赘述。其次还体现在多种形态的用地聚集在一起。由于旅游活动、旅游产品和服务是一个整体，不是说在一个地方就只提供一种产品或服务，而是可能同时需要提供多种产品或服务，比如说旅游者除了游览观光，还要吃饭、睡觉、娱乐、购物等，这时候就可以建立一个旅游综合体。虽然餐馆、饭店、游乐场和商店等可以分别设立，但它们聚集在一起形成的综合体显然不是单一用地类型。

二是复合性。指的是同一地块承载着多种不同功能。首先是旅游功能和非旅游功能用地的复合。前面提到旅游业是指为人们进行旅游活动提供产品或服务的组织的总和。这中间有一个问题：就是为人们进行旅游活动提供产品或服务的组织也可能为非旅游活动提供产品或服务。比如一个餐馆的就餐者、一个博物馆的参观者，都可能既有旅游者，也有本地居民。那么该餐馆、博物馆的用地显然分别兼顾餐饮和旅游、文化和旅游用地性质。还有一些场所可能是部分具有旅游用途。比如工业旅游，有的工厂将部分生产工艺和场所提供给旅游者参观和体验，虽然工厂用地整体上属于工业用地，但是确实部分涉及旅游发展用地问题；再如乡村旅游，很多农用地种植了大片的油菜花、薰衣草等，它们构成了重要的景观，因而也同时具有农用地和旅游用地的性质。其次是商业旅游用地和公益旅游用地的复合。大量旅游设施同时具有公益性和商业性，其用地也就具有复合性质。如一条旅游公路可能不仅仅为旅游经营服务，同时还为当地居民的生产生活服务；旅游厕所从总体上应属于公共服务，但是有的旅游厕所却附带有商业设施。还有一种复合是旅游业内部不同细分行业（功能）的复合。规模大一点的饭店往往同时具有餐饮、住宿、娱乐、购物、会议等功能，一些度假村集成的功能就更多了。近些年发展比较快的演艺餐馆、博物馆酒店等，也是两种以上旅游功能的复合。复合性和综合性之间的界限并不总是很明确，复合在一定意义上说具有综合的含义，而一个地块上不同业态的综合可能就成了复合。

三是变化性。变化是万事万物都具有的特征。对于旅游业用地来说，由于这种变化性表现得特别明显，使得对旅游业用地概念和分类（接下来要分析）的把握更加困难，实际上它和综合性、复合性一样，都是导致法律法规和政策文件中对于旅游业用地没有明确界定和统一分类、旅游业用地研究难以形成共识的重要原因。特别是法律法规和政策文件一般都会保持一定的稳定性和延续性，很难根据产业发展变化做到即时调整。因此，即使在每一次出台新的文件或对旧文件进行修订时，充分考虑了新的情况，但随着旅游业用地的发展变化，新的或修订的文件很快可能又存在一些不适用的问题。

### （五）旅游业用地的分类

目前研究者已经就旅游业用地分类提出了很多不同的意见。从相关文献中可以看出，多数研究者注意到了旅游业用地的综合性和复合性，在分类设计时考虑到了旅游景观用地、旅游设施用地和旅游商业用地等不同用途用地，覆盖了现有土地分类体系下的农用地、建设用地和未利用地，而不只是建设用地或风景名胜用地。但是，虽然每一种分类方法都有它的道理，不同研究者提出的分类也有类似之处，然而还没有哪种分类方法真正形成共识，旅游业用地远没有形成一致的分类体系。而且，对于旅游业用地综合性和复合性等特征的考虑普遍还不够深入，可操作性也不足，有的分类过于抽象，有的分类过细（甚至达到四级分类）。一方面难以与现行土地利用分类体系对接而无法落实，另一方面又因为在实践中起不到太大作用而没有必要。

笔者认为，在当前情况下，相对于提出一个具体的分类方法，对分类原则和方法进行讨论更加重要。

#### 1. 旅游业用地分类必须遵循的原则

对旅游业用地进行分类，可以从土地分类体系入手，也可以从旅游系统划分入手，但是一个好的分类体系，不管基于何种视角，都必须同时满足几条原则：

一是和土地分类体系相衔接。首先是要和《土地管理法》的三大类（即农用地、建设用地和未利用地）相对应，其次要和《土地利用现状分类》《城市用地分类与规划建设用地标准》等相适应。因为这些文件是城乡规划和国土空间规划等的依据，旅游业用地分类只有和上述规划相衔接，才能真正得以落地，相关的旅游业用地政策才真正具有可操作性。

二是符合旅游业实践需要。制定旅游业用地分类本身不是目的，目的是要通过土地政策的创新，推动旅游业高质量发展。这需要对旅游业有深刻的理解，而不只是以《土地利用现状分类》《城市用地分类与规划建设用地标准》等为模板，把旅游业相关用地装进去。

三是满足生态安全和高效土地利用需要。生态文明建设是中华民族永续发展的千年大计，“十分珍惜和合理利用每一寸土地，切实保护好耕地”是我国的基本国策，制定旅游业用地分类等政策必须在有利于生态环境保护、有利于土地集约化使用和耕地保护的前提下进行。

#### 2. 旅游业用地分类需要明确的几个问题

从分类方法来说，有以下几个问题需要明确：

一是旅游业用地分类和土地分类体系的关系。鉴于旅游业用地的综合性和复合性，实际上是不可能将旅游业用地作为单独的一类嵌入目前的土地分类体系中的。这和国民经济行业分类中没有整体的旅游业类似。旅游业用地分类实际上就类似于旅游统计中提出的旅游卫星账户。构建一个旅游业用地分类体系不是要替代现有的土地分类体系，而是作为现有土地分类体系的附属物和其并存，用于指导旅游业用地实践，相对独立又从属于现有土地分类体系。

二是旅游业专有用地类型的设置。在旅游业用地形态中，其实多数都不是旅游业所独有的，因而首先考虑的应该是共性，而不是设置独立的旅游业用地类型。只有在所有的现有用地类型都不能符合的情况下，才考虑设置专有的旅游业用地类型。

三是复合型用地的处理。复合型用地如果是在原有用地基础上附加旅游功能，不改变原有土地用途，则参照原地类进行管理。如工厂利用部分场所组织旅游者参观，不影响工厂生产，其用地可不做调整。复合型用地如果改变原有土地用途，变成以旅游经营为主，则需要调整地类，并根据是否进行新的建设确定是否需新增建设用地指标。

四是综合性用地的处理。综合性用地如果能够区分开来，则分别处理。如旅游厕所的主体部分和附属商业设施部分可以分别按照公用设施用地和商业设施用地处理，出于鼓励集约化利用的宗旨可以在土地价格方面采取一定优惠措施。如果难以区分，可以考虑设立旅游综合服务的新用地类型。

3. 对旅游业用地分类体系的设想

基于前面的讨论，笔者试提出一个旅游业用地分类的设想，这一设想遵循“旅游功能—用地形态—土地分类”三者合一的逻辑思路。

首先，确定用地的旅游功能用途。对旅游活动内容概括较好并得到广泛运用的一个理论是“六要素”理论，所谓六要素即食、住、行、游、购、娱。根据这一理论，从旅游功能用途角度，可以将旅游业用地分为旅游餐饮、住宿、交通、游览、购物、娱乐用地。除此之外，还应该考虑集散、信息咨询、医疗、卫生、通信等公共管理与公共服务用地以及后来在“六要素”基础上增加的商、养、学、闲、情、奇等新六要素用地。后者从用地的角度来看，除了会议展览等用地外多是复合性用地。综上，我们可以从旅游功能用途角度，将旅游业用地分为旅游餐饮、住宿、交通、游览、购物、娱乐、会议展览、公共管理与公共服务用地。

其次，分析每一类用地的具体形态。比如说旅游住宿用地，除了城市建设的标准化酒店，还要考虑农家乐、民宿、自驾车房车营地、树屋、帐篷酒店等非标准化住宿设施；游览用地，除了考虑国家公园、风景名胜区、国家森林公园等以外，还要考虑博物馆、文化馆、文化公园、文化创意街区、古村镇、观光农业园等场所。当然，由于每一类用地的具体形态非常多，这里只能择其要者提出来，根据旅游业用地的发展变化以后可以再调整。比如仓储购物，涉及旅游购物用地的新形态，但由于还不是很普遍，这里暂时不考虑。

最后，结合土地分类体系明确旅游业用地的对应地类。这里主要根据《土地利用现状分类 GB/T 21010—2017》确定地类。比如旅游住宿这一块，可能就分别涉及商服用地中的旅馆用地和住宅用地的农村宅基地。

具体见表 1：

**表 1　旅游业用地分类体系**

| 旅游功能用途 | 旅游业用地形态 | 对应地类 | | | | |
|---|---|---|---|---|---|---|
| | | 一级类 | | 二级类 | | 三大类 |
| 餐饮 | 城市饭店、餐厅、酒吧等 | 05 | 商服用地 | 0503 | 餐饮用地 | 建设用地 |
| | 农村餐饮 | 05 | 商服用地 | 0503 | 餐饮用地 | 建设用地（农村集体） |
| 住宿 | 宾馆、旅馆、招待所、服务型公寓、度假村等 | 05 | 商服用地 | 0504 | 旅馆用地 | 建设用地 |
| | 农家乐、民宿、自驾车房车营地等 | 05 | 商服用地 | 0504 | 旅馆用地 | 建设用地（农村集体） |
| 交通 | 乡村旅游道路 | 10 | 交通运输用地 | 1006 | 农村道路 | 农用地 |
| | 利用村庄空闲地建设停车、集散等交通配套设施 | 12 | 其他用地 | 1201 | 空闲地 | 建设用地（农村集体） |
| 游览 | 附有观光休闲等用途的梯田、特色作物田等 | 01 | 耕地 | | | 农用地 |
| | 附有观光休闲、采摘等用途的特色园地及小型临时休憩场所、特色植物景区等 | 02 | 园地 | | | 农用地 |
| | 森林公园、滑雪场和附有观光休闲、采摘等用途的特色林地及小型临时休憩场所等 | 03 | 林地 | | | 农用地 |
| | 草原风景区、草原公园、民间赛马场所和附有观光休闲、采摘等用途的特色草地及小型临时休憩场所等 | 04 | 草地 | | | 农用地 |
| | 博物馆、科技馆、美术馆、纪念馆等 | 08 | 公共管理与公共服务用地 | 0807 | 文化设施用地 | 建设用地 |
| | 公园、动物园、植物园等 | 08 | 公共管理与公共服务用地 | 0810 | 公园与绿地 | 建设用地 |
| | 宗教寺庙 | 09 | 特殊用地 | 0904 | 宗教用地 | 建设用地 |
| | 乡村水景 | 11 | 水域及水利设施用地 | 1101 | 河流水面 | 未利用地 |
| | 水上主题乐园 | 11 | 水域及水利设施用地 | 1102 | 湖泊水面 | 未利用地 |

续表

| 旅游功能用途 | 旅游业用地形态 | 对应地类 | | | | 三大类 |
|---|---|---|---|---|---|---|
| | | 一级类 | | 二级类 | | |
| 游览 | 水库风景区 | 11 | 水域及水利设施用地 | 1103 | 水库水面 | 农用地 |
| | 海洋公园 | 11 | 水域及水利设施用地 | 1105 | 沿海滩涂 | 未利用地 |
| | 湿地公园 | 11 | 水域及水利设施用地 | 1106 | 内陆滩涂 | 未利用地 |
| | 冰川公园 | 11 | 水域及水利设施用地 | 1110 | 冰川及永久积雪 | 未利用地 |
| | 农事体验场所 | 12 | 其他土地 | 1202 | 设施农用地 | 农用地 |
| | 沙漠公园、沙漠旅游区 | 12 | 其他土地 | 1205 | 沙地 | 未利用地 |
| | 地质公园、地质景观风景区 | 12 | 其他土地 | 1207 | 裸岩石砾地 | 未利用地 |
| | 其他风景名胜景点（名胜古迹、旅游景点、革命遗址、自然保护区、森林公园、地质公园、湿地公园等）管理机构和服务设施建筑外的用地 | | | | | 按现状分别归入三大类 |
| 购物 | 旅游购物场所 | 05 | 商服用地 | 0501 | 零售商业用地 | 建设用地 |
| | 旅游购物场所 | 05 | 商服用地 | 0502 | 批发市场用地 | 建设用地 |
| 娱乐 | 剧院、音乐厅、影视城、仿古城、游乐场、人造主题公园等 | 05 | 商服用地 | 0506 | 娱乐用地 | 建设用地 |
| | 赛马场、高尔夫球场等 | 05 | 商服用地 | 0507 | 其他商服用地 | 建设用地 |
| 会议展览 | 会议中心、展览馆等 | 08 | 公共管理与公共服务用地 | 0807 | 文化设施用地 | 建设用地 |
| 公共管理与公共服务 | 旅游集散中心、游客咨询中心等 | 08 | 公共管理与公共服务用地 | 新增 | 旅游设施用地 | 建设用地 |
| | 风景名胜景点管理机构及旅游服务设施建筑用地 | 09 | 特殊用地 | 0906 | 风景名胜设施用地 | 建设用地 |

上述分类显然不可能穷尽所有旅游业用地的类型，但是基本涵盖了旅游业用地的主要类型，可以为旅游业用地政策制定提供参考。有些属于非专有性用地和综合性、复合

性的旅游业用地参照前面提出的思路予以处理。

## 四、结论与讨论

本文从历史演变以及理论和实践交互影响的角度，梳理了法律法规、政策文件中对旅游业用地的相关提法以及研究者对旅游业用地概念和分类探讨的不同观点，在此基础上，对我国旅游业用地概念及分类做了进一步思考。主要创见包括：提出以旅游业用地替代旅游用地概念，明确旅游业用地是指支撑旅游业发展的各种用地的统称，具有综合性、复合性、变化性等特征；提出构建旅游业用地分类体系必须坚持和土地分类体系相衔接、符合旅游业实践需要、满足生态安全和高效土地利用需要等原则；提出旅游业用地分类体系实质上是土地分类体系的卫星体系，旅游业用地分类重点在于旅游业专有用地类型；提出了综合性、复合性旅游业用地分类的基本思路，并基于"旅游功能—用地形态—土地分类"三者合一的思路构建了新的旅游业用地分类体系等。旅游业用地概念和分类问题非常复杂，本文虽然就旅游业用地概念和分类提出了一些想法，但是究竟可操作性如何还有待检验，而且仍然有许多问题比如树屋和帐篷酒店的土地类型、海洋海岛旅游开发等本文未做讨论，这些都有待于进一步研究。

致谢：博士后毛良祥提供了宝贵意见，研究助理马晓芬、刘国荣、张琳、张杰等在数据资料整理方面做了大量工作，特此致谢！

**参考文献：**

[1] 毕宝德.土地经济学[M].北京：中国人民大学出版社，2016.
[2] 陈文娣.旅游用地分类体系构建及空间结构特征研究[D].南京：南京师范大学，2014.
[3] 郭焕成.土地利用分类系统与土地利用图的编制方法——以北京市昌平县十三陵地区为例[J].经济地理，1981（1）：43-47，84.
[4] 郭焕成.我国土地利用类型及其合理开发利用问题[J].自然资源，1987（3）：7-13.
[5] 胡千慧，陆林.旅游用地研究进展及启示[J].经济地理，2009，29（2）：313-319.
[6] 梁栋栋，陆林.旅游用地的初步研究[J].资源开发与市场，2005，21（5）：462-464.
[7] 刘杰，严金明，邱卉.生态旅游用地分类体系研究[J].中国土地科学，2013，27（9）：71-77.
[8] 宋子千.走向科学的旅游研究：体系、方法和路径[M].北京：中国旅游出版社，2015：46-53.
[9] 苏子龙，袁国华，郑娟尔.我国旅游产业用地分类研究[J].中国土地，2017（4）：31-34.
[10] 王金叶，韦绍兰，吴郭泉，等.基于桂林旅游产业用地改革背景下的旅游用地分类[J].桂林理工大学学报，2015，35（1）：91-98.
[11] 王万茂.土地资源管理学[M].北京：高等教育出版社，2003.
[12] 吴承照，过宝兴.名山风景区旅游开发用地研究[J].地理学与国土研究，1991，7（4）：48-53.
[13] 吴冠岑，牛星，许恒周.乡村旅游开发中土地流转风险的产生机理与管理工具[J].农业经济问题，2013（4）：63-68.
[14] 吴郭泉，王文娜，刘加凤.基于生态理念的旅游用地分类研究[J].福建林业科技，2008（3）：

226–231.

[15] 席建超. 旅游用地：亟待厘清的几个基本理论问题 [N]. 中国旅游报，2013–11–08（11）.

[16] 徐勤政，刘鲁，彭珂. 城乡规划视角的旅游用地分类体系研究 [J]. 旅游学刊，2010，25（7）：54–61.

[17] 余中元，李波，张新时.全域旅游发展背景下旅游用地概念及分类——社会生态系统视角 [J].生态学报，2019，39（7）：2331–2342.

[18] 张娟. 旅游用地分类的探讨 [J]. 资源与产业，2008，10（1）：63–68.

[19] 章牧，李月兰. 土地利用总体规划修编中的旅游用地问题研究 [J]. 社会科学家，2006（4）：124–127.

[20] 周菲菲. 我国旅游用地分类与开发模式研究——以山东省广饶县为例 [D]. 青岛：中国海洋大学，2010.

[21] 朱德举. 土地评价 [M]. 北京：中国大地出版社，1996.

# 全域旅游视阈下我国旅游警察体系构建路径探析

唐淑臣[1]，黄　冬[2]，李　玲[3]

（1. 北京师范大学，北京 100875；2. 首都师范大学，北京 100048；3. 北京市公安局，北京 100740）

**摘　要：**伴随着我国旅游业的蓬勃发展以及全域旅游概念的提出，旅游警察的必要性与重要性日益突出。从"旅游＋警察"和"理论＋实践"的融合视角，以国内先行先试的市县和一些典型案例为研究对象，以探索"全域旅游"视阈下旅游警察模式的效能发挥、全国性推广和规范化运行为落脚点，系统分析梳理了各地旅游警察组织机构的模型、管辖、现状、机制，并针对旅游警察建设运行现状及存在的突出问题，提出了对策建议，力求为我国的旅游警察组织管理体系建设提供参考和借鉴。

**关键词：**全域旅游；旅游警察；理论＋实践；构建路径探析

## 一、全域旅游概念

全域旅游是指在一定区域内，以旅游业为优势产业，通过对区域内经济社会资源尤其是旅游资源、相关产业、生态环境、公共服务、体制机制、政策法规、文明素质等进行全方位、系统化的优化提升，实现区域资源有机整合、产业融合发展、社会共建共享，以旅游业带动和促进经济社会协调发展的一种新的区域协调发展理念和模式。

中国已进入了一个以全民旅游、自助游、个人游为主的新时代，传统景点旅游模式正在向全域旅游模式转变。全域旅游所追求的，不再停留在旅游人数的增长上，而是旅游质量的提升，追求的是旅游对人们生活品质提升的意义，追求的是旅游在人们新财富革命中的价值[1]。因此，全域旅游对旅游市场秩序监管提出了新要求，旅游监管手段要进行革命性的变化，不能再简单依赖行政单位的提醒，必须转向依法治旅，公安部门要实现从过去的"只要把景点的治安搞好就行"到现在"景点以外的治安也要搞好"的转变。

## 二、旅游警察概述

### （一）旅游警察的定义

旅游警察是国家机关依照法律规定的权限和程序建立的，具有专项政法编制的，依法行使维护旅游领域治安管理、打击旅游违法犯罪活动职权的专业化执法勤务机构及其

---

［基金项目］本项目系原国家旅游局政策法规司课题《全域旅游视阈下我国旅游警察体系构建路径探析》成果之一。
［作者简介］唐淑臣（1988—），男，汉族，山东临沂人，北京师范大学刑事法律科学研究院硕士研究生，主要研究方向：公安学、诉讼法学，E-mail：ppsucsugar@qq.com。黄冬（1979—），男，汉族，山东济南人，首都师范大学教育学院博士研究生，中国人民公安大学犯罪学学院副教授，主要研究方向：公安学、犯罪预防。李玲（1981—），女，汉族，河北邢台人，北京市公安局环食药旅总队主任科员，主要研究方向：公安学。

人员。旅游警察的主体必须是纳入国家公务员序列、具有政法专项编制，并具备相应的资格的人民警察；旅游警察的一切治安管理和执法活动，以及其职责权限范围、活动的手段、方式及程序等，应有法律依据，同时，旅游警察机构及公务人员要对其所实施的行政管理行为和执法行为承担相应的法律责任。

### （二）旅游警察的职能管辖

治安管理学理论认为，合理的职能划分对发挥组织效率具有非常重要的作用[2]。由于我国旅游警察属于新兴警种，其职能管辖目前法律、法规、政府规章还没有进行权威、统一的规定，目前各级旅游警察组织机构的职能管辖主要来源于各地政府和编制部门下达的文件规定，呈现出分散化、差异性、效力低的特点。

1. 各地关于旅游警察职能管辖的规定

根据旅游警察机构的行政层次级别划分，各地对旅游警察职能管辖的规定大致有三种，自上至下、条块结合、双重领导。

省级旅游治安管理机构一般实行总队建制，负责对旅游领域的治安管理工作进行宏观指导，直辖市还负责某些治安管理业务的实施。地市级旅游警察机构是指省会市、计划单列市、副省级市、地级市、州、盟等公安局内所设置的专司履行旅游治安行政管理、打击违法犯罪活动的有关机构兼具宏观指导和直接组织实施治安管理工作的特点。县级旅游警察机构是治安管理工作的具体执行机关，一般实行大队建制。其他基层旅游治安管理机构根据实际工作需要，部分地区在地市、县市的景区设立了旅游派出所或派出所旅游警务队等，与属地派出所合署办公。

2. 旅游警察职能管辖中需要厘清的问题

在全域旅游视阈下，旅游已从建景点、景区、饭店、宾馆的传统阶段发展到了以全民旅游和个人游、自驾游为主的现代大旅游发展阶段，旅游地不再是一个景点，而是一个功能完整的区域整体，旅游者的范围不仅包括了传统意义上的外国、外地的游客，同时更加重视对当地消费者的吸引力[3]。在这一趋势背景下，如果不对旅游警察的职能管辖进行清晰的界定，将会造成警察内部机构之间边界不清，职能交叉、泛化。因此，有必要下发专门文件，对旅游警察职能管辖中“旅游领域”“旅游参与者”等概念进行统一化解释，并做出明确清晰的界定。

我国的旅游警察尚处于起步阶段，在公安部层面，旅游领域治安保卫工作的归口管理机构为治安管理局。从省份、地区的情况来看，不少地区虽然组建了旅游警察，但是还没有形成自上而下的管理体系，关于级别管辖的规定也比较模糊、分散。此外，关于旅游警察与内部其他相关机构的职能切分也不够清晰。有的地区采取自下而上的方式，先在景区试点建立派出所、警务队，而没有建立相应的上级对口指导机构，造成旅游警察上级管理部门缺乏专业性；有的旅游派出所虽然实质履行旅游专业警察的职能，但是没有与属地派出所的职能进行剥离，一定程度影响了警务效能发挥。因此，各地有必要就级别管辖问题以及旅游警察机构与其他行政执法主体的职责划分及工作衔接问题进行明确，以保证涉旅违法犯罪案件查处工作的顺畅衔接。

**（三）设立旅游警察的重要意义**

根据旅游产业的发展趋势，现代旅游正在从景点旅游转变到全域旅游，游客对旅游感受的评价不限于景点、景区和饭店，更是对综合环境要素的评价。旅游管理体制改革要从过去部门单一管理过渡到现在的综合管理体制，要建立适应“全域旅游”时代特点的现代旅游治理机制，实现部门抓旅游向党政统筹抓旅游、“民团式”治安管理向“全域化”依法治理、企业单打独斗向全社会共建共享的转变。全域旅游对旅游市场秩序监管提出了新要求，旅游监管手段要进行革命性的变化，不能再简单依赖行政单位的提醒，必须要转向依法治旅。

旅游警察的成立，较好地适应了我国旅游发展趋势，实现了“旅游警务”由点到面、“旅游警察”由分散到专业、“旅游信息”由孤岛到共享，“旅游安防”由静态到动态、“旅游事件”由单打到联动，公安工作由“传统警务”向“现代警务”转型升级[4]，增强了公安工作主动权。

旅游警察是公安机关一支专业执法力量，其依照法律规定对管理对象运用的各种治安管理措施，是国家行政权和警察权的一部分，是以警察的武装强制力保障实施的，体现着运用警察力量组织和管理社会治安秩序的国家意志，因而具有强制性。同时，旅游警察和警务辅助人员也可以根据需要，采取非强制性的教育、宣传、防范等措施，有效地化解社会矛盾、预防和减少违法犯罪问题的发生。因此，旅游警察的成立，是对旅游秩序维护和旅游安全管理的有力加强。

## 三、国内外旅游警察发展情况

**（一）国外旅游警察发展概述**

目前，世界上不少国家和地区都已设立专门的旅游警察队伍。他们会外语、着装醒目、在酒店和旅游景区随处可见。随着许多国家旅游业的飞速发展，各国政府开始重视旅游业的维持，许多旅游业比较发达的国家如希腊、泰国、埃及、阿根廷、以色列、伊朗、柬埔寨等国都组建了各自的“旅游警察”，一方面保护游客安全、为游客提供服务，另一方面维护正常的旅游秩序，促进旅游产业发展。

**（二）国内旅游警察发展概况**

与国外相比，国内旅游警察起步较晚，但是发展十分迅速。特别是近两年来，在公安部的支持下，原国家旅游局积极推动全国重点旅游地区建立旅游警察，以此来提高旅游服务质量，提升游客安全感，国内旅游警察呈现出良好的发展势头。

“旅游警察”在国内很早就有萌芽，当时只是在个别旅游热门景区景点，具有代表性的就是杭州西湖、山东泰山。当地景区公安机关在进行日常安全保障的同时，不断探索结合景区特点的业务模式，初步实现“旅游警察”的职能。需要离析的是，早期的“旅游警察”相当于旅游景区派出所，概念更为泛化，一些就是对在景区周遭执勤的警察一种亲民化、时尚化称谓而已，有的仅是为了宣传效果。其基本职能是集中打击景区内各种刑事犯罪以及处理治安案件，负责节假日的安全稳定，间或接受游客的咨询问路等，是传统警察职能的区域性衍生。

按照中央“加强城市管理综合执法机构建设，提高执法和服务水平”的总要求，探索适应大众旅游接待的旅游管理综合机制，原国家旅游局局长李金早明确提出，要推动旅游管理体制从过去部门单一管理向综合管理体制转变，成立旅游发展委员会、旅游警察、旅游巡回法庭、工商旅游分局。这是我国官方第一次在全国层面正式提出“旅游警察”的概念。与杭州、山东泰安等最早提出“旅游警察”概念的地区相比，全域旅游时期的旅游警察已发展为一个专业化新警种，有单独的人员编制及财政拨款，是严格意义上的“旅游警察”。

2016 年 2 月 5 日，云南省第一支旅游警察队伍——丽江市公安局旅游警察支队成立。作为旅游市场秩序整治的重点地区，云南旅游警察队伍的建立具有标志性意义。此后，旅游警察的设立在全国推进。

**（三）中外旅游警察之间的交流与借鉴**

根据“创新的扩散”理论，当前，我国的旅游警察队伍建设已从“一地飘香”发展为“全面开花”的扩散之势，充分借鉴和运用国内外关于创新扩散理论的研究成果，对推动形成旅游警察创新示范效应具有重要的借鉴意义。中国“旅游警察”成立仅两年多时间，在不少方面都存在不完善的问题。如人员管理、编制设置、装备配置、监督方式等方面，尚缺乏成熟的管理机制。中国旅游警察队伍正积极学习国外旅游强国旅游警察建设的成功经验，抓紧完善自身建设，努力适应大众旅游和全域旅游时代的新要求。

仅看 2017 年，以俄罗斯莫斯科市内务部总局行动调查信息中心主任洛普霍夫上校为团长的旅游警察代表团一行 5 人在 2 月访问三亚，实现中外旅游警察首次正式交流互访。双方正式建立了警务信息互相通报机制，将对涉及当地公民的违法犯罪信息进行通报和信息互查。从 4 月 24 日至 5 月 7 日，来自意大利的 4 名警察与中国警察在北京、上海有关旅游景区展开为期两周的联合巡逻，协助中方警察处理与旅华意大利游客安全有关的问题。此后的 6 月份，中国警察再次赴意大利，与意警方分别在罗马、米兰、佛罗伦萨、那不勒斯 4 个旅游城市开展联巡。这标志着国际旅游警察联合执法实践迈出重要步伐。

**（四）旅游警察运行的实践效果**

“旅游警察”的建立，对全面规范旅游市场秩序，根除游客反映集中、反映强烈的痼疾顽症，全面提高旅游服务质量发挥了重要作用。从国内运行情况来看，实践效果可归纳为以下几个方面：

1. 提升了旅游领域执法的效率水平

旅游警察的成立，形成了对涉旅违法犯罪人员的强大震慑，直接提高了旅游领域执法的效率水平。旅游警察成立前，由于没有专门的警种负责此项工作，执法过程中存在着警种分散、取证复杂、调查滞后等问题，不足以对违法犯罪行为形成震慑作用。旅游警察成立后，对外，可以代表公安机关与其他执法部门明确分工、联动执法，对纠纷投诉案件进行及时、全面、高效处置；对内，可以理顺工作机制，规范案件办理方式，指导督促其他警种及涉旅案件所在地派出所协调配合，积极取证，依法严厉打击违法犯罪行为，弥补其他执法部门取证难、处置力度弱的短板。

如云南省旅游警察成立一年时间里，全年接涉旅报警7000多起，其中，通过旅游警察调解，三分之一的纠纷得到解决；在案件查处方面，400人被行政处罚，100人被采取刑事强制措施。此外，云南旅游警察查处旅游案件方面创造了多个首例：西双版纳侦破首例酒托诈骗案，大理州侦破首例药托诈骗案，案件的查处使云南市场上酒托、药托的违法犯罪明显减少；腾冲查处首例黑导游案件，对涉事黑导游行政拘留9天。

2. 形成了旅游市场治安综合监管的整体合力

各地旅游警察积极探索建立与相关执法主体的联合执法工作机制，极大增强了旅游市场治安综合监管合力。如桂林市漓江分局与漓管监察支队、海事、渔政等政府职能部门“联勤联动、紧密协作”，对于漓江风景名胜区规划范围内涉及景区安全、秩序稳定，妨害治理保护以及妨害相关行政主管部门依法执行公务的案件，依法“从严从快”打击处理。

仅在2016年，即出动警力560人次，共查办原国家旅游局督办案件4起，实地检查桂林市各区、县景区景点66处、旅行社40余家、旅游团队139个、餐馆10余家的经营活动以及安全生产情况，对2家无证经营的旅行社售票点、景区商铺勒令其关门停业；纠正有证载客竹筏违规经营、危险作业10余次；驱离、查处非法野马拉客和无证竹筏载客40余次。特别是参与了“漓江地笼清理整治工作”“訾洲头住家船清理工作”“訾洲尾违规排筏整治行动”“漓江沿岸市区段违规搭棚专项行动”以及“漓江城市段沿岸、洲岛餐馆专项整治”等联合执法行动，使当地旅游秩序得到极大改善。

3. 提升了景区安全文明形象，增强了游客的安全感和满意度

各地旅游警察坚持防范先行，深入分析研究旅游景区景点及周边治安形势，围绕涉旅元素、涉旅活动参与主体和涉旅案事件侵害主体，通过加强日常消防安全、交通秩序和治安管理服务，强化景区景点面上执勤巡逻，加强重点督导检查，推动落实景区景点安全防范主体责任，有效提升景区景点安全系数；紧紧抓住影响旅游安全和旅游形象的突出治安问题，针对重点时段、重点问题、突出违法犯罪，加大对危害旅游安全和游客生命财产安全的侵财案件、敲诈勒索、强买强卖、欺客宰客等违法犯罪活动的打击整治，有效提升了游客与旅游从业者的安全感和满意度。

如2016年湖南省张家界市建立旅游警察支队，各区县公安机关组建旅游警察大队和中队，协同相关部门即时查处扰乱旅游市场秩序、侵害旅游者合法权益的各类违法犯罪行为。2016年共查处涉游案件76起，处理涉游救助468起，救助游客829人次[5]。强化各重点部位安保工作，构建旅游治安防控体系，实现了核心景区、场所刑事案件“零发生”。

## 四、国内旅游警察典型实践和案例研究

现代组织行为学认为：适当的组织结构，可以清楚界定每个组织成员的权责角色，加上适当的协调与控制，组织的工作效率将会提高，而组织的整体表现也会比较出色。当前，我国旅游警察组织结构呈现多样化特点，很多地方正用极大的决心和智慧展开积极的实践，一些地区已经积累了鲜活的经验和有效的运转模式。本文按照机构层级，在先行先试的城市中，选取了云南、北京、三亚等典型案例进行了梳理和分析，以兹借鉴。

### （一）省级旅游警察组织机构模式——云南案例

作为全国首个全面设立旅游警察的省份，云南省通过在条件成熟地区先行试点，通过政府主导形成了“统一调度、综合指挥、快速反应、配合有序、高效处置”的机构框架，畅通指挥体系，同时同步建立配套工作机制，保障规范运行。

在完成组织架构设计基础上，同步推动相关配套机制的建设，注重从旅游者的角度来设计工作流程，将原来需要群众多方求助的投诉和举报变为政府部门集中受理、内部协调，由旅游市场监管综合调度指挥中心统一集中受理当地旅游投诉和举报，对投诉和举报内容进行分析研判，迅速组织、指挥、调度、安排有关职能部门进行处置；对有关职能部门工作完成情况进行督促检查，并对办理情况进行评估，提出后续处置意见建议，形成了“投诉举报—指挥部研判调度—有关职能部门快速处置—指挥部督促检查、效果评估—信息反馈给投诉举报人”的闭合流程，极大提升了涉旅案件办理的质量和效率。

### （二）直辖市旅游警察组织机构模式——北京案例

为落实原国家旅游局全域旅游发展要求，从管理机制体制上解决“黑一日游”等长期困扰着首都旅游市场秩序的问题，保障北京旅游业持续健康发展，在北京市政府的大力支持下，2017 年 1 月 18 日北京市公安局成立环境食品药品和旅游安全保卫总队。作为全国第一支涉及环境、食品、药品、旅游四方面的综合执法队伍，北京模式在机构设计上，体现专业整合；在工作机制上，强化综合执法；在工作模式上，突出指导牵动。

在全域旅游的视阈下，北京的旅游警察取得了优异成绩。如在 2017 年“一带一路”高峰论坛前夕，牵动西城、海淀、天安门分局，组织开展清明节小长假旅游市场秩序专项整治，治理“非法一日游”“黑导游”等违法扰序现象，收效明显。2017 年 2 月 1 日至 4 月 18 日，北京“非法一日游”投诉数量为 219 件，同比去年 535 件下降 59%，降幅创有统计以来的历史记录。其中，旅游警察发挥了重要作用。

### （三）地市级旅游警察组织机构模式——三亚案例

2015 年 10 月，海南省三亚市主动适应国际旅游岛建设大局，创建了国内首支旅游警察支队。

该旅游支队设在三亚市公安局，由市公安局垂直管理领导；支队 4 个业务部门分别牵动全市开展旅游市场秩序维护、涉旅违法案件查处、景区景点安保业务指导等工作。

突出“打击、服务、防范”三项职能。坚持将侵害游客合法权益的常见、高发的案件作为打击重点，针对广大市民游客反映、投诉较多的问题，如海鲜店欺客宰客、黑潜水点非法招揽游客等，专门安排警力进行明查暗访，收集案件线索和证据，立案调查，适时进行打击；针对社情舆论反映出来的涉旅问题，旅游警察认真调查，收集掌握各类旅游信息和秩序动态，加强研判，找准问题，为政府开展旅游市场秩序整治当好参谋；同时，加强与旅游景区企业的沟通协调，了解掌握景区周围涉旅违法犯罪活动线索，掌握企业需求，共同为景区游客提供良好的安全保障和服务。

### （四）县级以下旅游警察组织机构模型

为了适应全域旅游形势发展需要，山东省烟台市积极建立完善旅游综合管理和执法体系。烟台长岛县，德州夏津县，临沂沂水县、沂南县，枣庄山亭区、台儿庄区，原莱芜市莱城区、雪野旅游区 8 个县（市、区）成立旅游警察大队。沂南县在成立旅游发展委员会的基础上，设立“旅游工商分局”“旅游警察大队”“旅游巡回法庭”“旅游物价巡查大队”“旅游食品安全巡查大队”“文明旅游工作办公室”六大机构，建成“1+6+N”旅游综合管理模式。

在探索旅游警察综合体制改革过程中，广东、浙江、广西等地区采取一套人马两套牌子的形式，分别组建了各自的旅游警察机构。这一模式对于强化旅游领域的执法，配合相关部门开展联合执法、改善旅游景区治安秩序和治安环境起到了一定积极作用，但个别地区没有增加编制和人员，只是在原有核定机构数额内的职能调整，一定程度上制约了旅游警察作用发挥和自身的发展运行，其实践效果有待考证和检验。

## 五、旅游警察建设中面临的突出问题

当前，国内的旅游综合体制改革迈出可喜步伐，形成了规模效应和示范效应，有力地促进了旅游业的健康发展。同时，我们也应该看到，由于我国旅游警察还处在摸索试点阶段，实践中也出现了一些问题，主要表现在以下几个方面：

### （一）政府主导作用有待加强

根据决策理论学派“决策制约着组织机构的设置”的理论，旅游警察建设能否顺利推进并发挥应有的作用，关键取决于政府的主导能力。但是，从各地情况看，部分地区政府的主导作用发挥还不够充分，表现为旅游警察机构组建进展缓慢，在机构设计和运行中缺乏系统化、前瞻性的整体设计，相应的配套改革措施和工作机制不够完善，旅游警察的编制、人员及相关保障措施不到位等，在一定程度上影响了旅游警察的发展步伐。

### （二）旅游警察的覆盖面不够

根据供给需求理论，从范围人数来看，目前我国旅游警察的覆盖地区还不全面，在现有旅游警察机构中，省、直辖市一级的机构所占比重较低，绝大多数旅游警察机构为区、县级公安机关内设机构，而且一些地区采取“一个机构两块牌子”的形式，没有实际增加编制和人员。在一些省份和地区，旅游警察还处于空白。另外，从已经组建旅游警察的地区来看，其服务范围也往往局限于景区内部，还没有产生全域范围内的影响力，难以适应旅游产业蓬勃发展的形势需要。

**（三）相应的配套改革措施和工作机制不够健全**

根据组织行为学相关理论，旅游警察难以独立发挥作用，需要出台配套改革措施，建立完善相应工作机制，为旅游警察的运行提供有利的环境。在旅游警察执法保障方面，亟待梳理旅游法律法规中犯罪条款，解决公安部门执法切入难的问题；亟待制定相关法律条款的解释和执法规范化操作指南；亟须探索适应游客流动性特点的简易化、便民化执法程序；亟待加强典型案例、重点案例、多发案例的研究和案例资源共享。在配套工作机制方面，未建立自上而下的统一设计和发展建设规划，形成旅游警察组织机构的领导体系和上下衔接、内外协调的工作链条。需进一步理顺旅游警察与旅游、工商、物价等行政管理部门的工作关系，完善与公安系统刑侦、治安、消防等职能单位的协调衔接机制，建立健全与人民法院、人民调解委员会等部门的协作机制。

**（四）旅游警察的专业化水平有待提高**

旅游领域的案件纠纷涉及的法律部门较多，适用的法条分散，而且往往牵涉多个行政执法部门。另外，旅游领域的发案有其自身的规律、特点，特别是在节假日特殊时间节点，景区的人流、车流、资金流都比较大，旅游执法面临的风险挑战和压力非常突出，一旦游客遇到侵害，快侦、快破、快结的需求比较强烈，这都要求旅游警察具备较高的政治素质、业务素质，要求提高现场执法的效率和水平。但是从现实情况来看，还有一部分旅游警察对旅游领域的法律法规不够熟悉，缺乏相应的工作经验和业务能力。旅游警察的装备配备、信息化建设水平也相对滞后，影响了专业作用的发挥。

## 六、建立旅游警察结构体系的路径探析

当前，加快旅游警察建设要深入贯彻落实党的十九大精神，深入贯彻落实党中央、国务院关于“加快建立权责明确、执法有力、行为规范、保障有效的旅游市场综合监管机制”的决策部署，切实发挥好属地政府、主管部门、旅游警察三个方面的作用。

**（一）作为主管部门，要注重服务创新，制定出台旅游警察建设发展规划和指导意见**

按照熊比特服务创新理论，政府的机构设置、职能调整、治理方式转变应以“为客户提供完美的消费体验”为目标。主管部门应对旅游警察发展目标、思路、方向、路径进行统筹设计，进一步明确旅游警察的概念、职能管辖、建设目标、组织领导关系、各级机构的规范称谓，系统梳理旅游警察的执法依据、责任边界，系统研究旅游警察与旅发委、旅游巡回法庭、旅游工商分局及相关行政机关的协调联动机制，形成综合治理的整体合力。推动旅游警察的机构公开、职责公开、电话号码公开，最大限度地方便群众的报警求助。同时对各地旅游警察建设情况进行跟踪指导，及时掌握、纠正、帮助协调解决出现的各类问题。

结合当前国内旅游警察建设现状，可抓好示范引领，着力打造省、市、县、景区四级旅游警察示范点。在全面梳理现有旅游警察组织机构模型的基础上，对各地先期建立

的各级旅游警察组织机构进行解剖式研究，综合其规范化程度、发挥作用情况等因素进行评估，挖掘、培育和推树一批具有典型示范效应的示范点，深入总结其成立组建、体系模型、工作模式、运行机制等方面的经验。

大力推动相关问题的理论研究，针对旅游警察运行中的具体问题，广泛开展法律政策咨询、专家答疑、专项课题研究，鼓励各领域的专家学者、旅游警察实战部门的人员参与调研和相关政策、意见的制定工作。推动不同地区的观摩、交流。采取请进来、走出去、现场观摩会等形式，加强国内外、不同地区之间的沟通、交流。积极开展各种形式的业务培训。同时，要加大新闻宣传的力度，积极宣传旅游警察的重要作用、工作成效，使成立旅游警察的地区获得实实在在的收获，使旅游警察获得从业荣誉感。

**（二）根据决策理论学派“决策制约着组织机构的设置”的理论，政府部门要积极推进“综合协调＋专项保障”为特征的全域旅游管理体制改革**

旅游业是综合性和关联性很强的产业，旅游领域的问题涉及多个部门、多个产业、多个因素，单靠设立旅游警察难以发挥作用，更无法从根源上解决问题。为进一步深入实施全域旅游战略，适应大众旅游时代的新形势，必须在属地政府领导下，大力推动现代旅游治理体系建设。当前，最紧要的是要大力推动以“1+3+N”，即旅游发展委员会、旅游警察、旅游工商、旅游巡回法庭等为内容的体制改革，发挥各相关行政主体在旅游市场秩序整治中的作用，加快建立健全旅游综合协调、旅游案件联合查办、旅游投诉统一受理等综合监管机制，有效整合各方治旅力量。

各地政府要切实发挥主导作用，强化领导责任，加强对旅游市场综合管理体制改革的整体设计、综合协调、统筹推进、指导监督，加快建立健全地方的旅游综合协调、旅游案件联合查办、旅游投诉统一受理等综合监管机制，为旅游警察的建立和顺利运行提供坚强的领导保障。要优化成长环境，将旅游警察建设纳入全域旅游发展战略大局，加强政策引导和正面鼓励，将旅游警察建设纳入全域旅游示范区建设的重要指标，进行一体化部署、一体化推动、一体化评估。为旅游警察发展创造良好的外部条件。

**（三）作为旅游警察机构，要逐步建立健全各项工作机制，加强自身建设，努力提高队伍的专业化、规范化水平**

建立执法工作联动机制。借鉴云南模式，在省、直辖市层面成立旅游市场监管综合调度指挥中心，建立横向政府部门联动机制，规范涉旅警情受理、指令、联动、处置程序，建立旅游警察与旅发委、工商、物价、质监等部门联勤联动和案件线索移交、信息共享工作机制，针对游客反映的突出问题开展联合执法，严厉打击整治扰乱旅游市场秩序的各类非法经营行为，形成标本兼治、惩建并举、综合治理的工作格局。

建立旅游警察与属地派出所联动机制。借鉴丽江经验，推行涉旅警情首问首办责任制，由派出所承担涉旅警情第一时间受理和前期调查处置，旅游警察负责重大案件、政府部门移交案件的专门调查处理，开展旅游市场治安管理对策研究指导，加强景区景点属地派出所涉旅警情处置和案件办理业务培训。

建立旅游纠纷多元化解工作机制。借鉴杭州、张家界等地的经验，建立旅游警察支队、旅游工商分局、旅游检察、旅游巡回法庭等部门联合执法、纠纷多元化解的长效机制，加强与司法、法院、旅游市场监管等部门协调对接，加强旅游纠纷“诉调衔接”，搭建有效的纠纷解决平台。

建立勤务及“大警卫”“大安保”机制。借鉴湖南张家界经验，针对涉旅警情特点，加大对重大节日、核心景点接待量、重点部位、重点场所等信息研判，定期定点进行安全风险评估，制定应急处突预案，完善安全管理制度、加大检查力度，推动景区景点网格化、动态化、社会化布警，建立旅游警察队伍、辅警队伍、社会化群防群治力量协同配合的治安防控体系，推行“旅馆安全星级管理”机制和宾馆酒店欺骗敲诈“一次休克、二次死亡”制度，推广“大警卫”“大安保”机制和以“有序分流、分段管控、前疏后导”为内容的景区保卫模式。

### （四）进一步加强旅游警察执法信息化保障

目前移动互联网、物联网、云计算、大数据等技术与旅游业深度融合，为旅游治理的科技信息化建设提供了无限契机。为科学研判旅游运行和市场趋势，开展旅游经济运行研究提供有力支撑和依据，2015 年 12 月 3 日，原国家旅游局正式成立数据中心。2016 年 10 月 1 日，正式启动国家旅游产业运行监测与应急指挥平台，用于进行产业运行监测和应急指挥。《“十三五”旅游业发展规划》更是明确提出：“建设旅游产业大数据平台。构建全国旅游产业运行监测平台，建立旅游与公安、交通、统计等部门数据共享机制，形成旅游产业大数据平台。”

在原国家旅游局的推动下，各地数据中心、与全国旅游产业运行监测平台对接的子系统建设已经迈出坚实步伐并取得阶段性成果，为实现旅游警务信息化建设奠定了较好的信息化基础。旅游警务的信息化建设要充分依托现有的信息化建设资源、成果开展，抓住建立全国范围内旅游数据中心建设这一契机，做好旅游警察监管与运营平台和国家旅游产业运行监测与应急指挥平台的对接工作，加强大数据对现代旅游警务工作的科技信息化支撑，为旅游警察发挥作用提供新的动力。

**参考文献：**

[1] 吴冬梅.关于发展全域旅游，打造国际知名旅游目的地的路径研究——以永定为例［J］.经济研究导刊，2015（21）：222-225，241.

[2] 熊一新.治安管理学基础理论教程［M］.北京：中国人民公安大学出版社，2005.

[3] 厉新建，张凌云，崔莉.全域旅游：建设世界一流旅游目的地的理念创新——以北京为例［J］.人文地理，2013（3）：130-134.

[4] 胡志文.“旅游警务”的改革实践与创新价值［N］.人民公安报，2016-09-03.

[5] 胡志文，耿兴徐.张家界“旅游警务”改革实践与创新价值［J］.人民法治，2016（12）：100-102.

# 中美旅游服务贸易：增长与不确定性

刘祥艳[1]，张天力[2]

（1. 中国旅游研究院，北京 100005；2. 北京联合大学，北京 100101）

**摘　要**：要把握中美旅游服务贸易的动态和走向，有必要首先了解美国旅游业发展的整体情况，以更好地认识美国旅游产业发展的整体实力，知己知彼。笔者继而分析了中美两国旅游服务贸易的总体态势，以其作为中美之间旅游服务贸易分析的背景。美国是全球最大的旅游服务贸易出口国，而中国则是全球最大的旅游服务贸易进口国，美国服务贸易持续保持顺差，而中国旅游服务贸易开始出现真正意义上的逆差，且中国在中美旅游服务贸易中同样处于逆差地位。受当前中美贸易战等的影响，中美旅游服务贸易短期内或将出现下滑，促进中美旅游服务贸易符合两国友好交往的长远利益，笔者最后提出促进中美旅游服务贸易的建议。

**关键词**：国际旅游；中美旅游交往；中美旅游服务贸易

## 一、美国旅游业起步早，产业基础稳固

美国旅游业发展历史较早，旅游资源丰富，产业基础扎实。美国的移民文化和探险精神使得美国人民天生就具有旅行和旅游的倾向，美国在 19 世纪末 20 世纪初开启现代意义上的旅游业，随着工业化进程加快，人民收入提高，广大普通民众很快加入旅游者队伍，加上旅游企业从一开始就具有服务“大众”的意识，美国较世界其他地区提前进入大众旅游时代[1]。

在旅游资源方面，同中国一样，美国旅游资源非常丰富。美国有完善的国家公园和森林公园管理和维护系统，它们为游客提供了广阔的休憩空间和便利设施。黄石公园、科罗拉多大峡谷、尼亚加拉大瀑布等广为各国游客所熟知。根据美国国家公园服务局（National Park Service）公布的信息，美国国家公园系统共包括公园、纪念馆、历史遗址及河流等管理和保护单位 419 处，每年接待访客超过 3.3 亿人次；根据美国农业部森林服务局（U.S. Forest Service）公布的信息，美国共有国家森林公园 154 处，国家草原 20 处，其管理的森林、湿地、草地等各类保护区占地 78 万平方公里，占整个国土面积的 8%，其中的 122 处滑雪地，每年接待 2700 万访客。另外，美国拥有全球最多的博物馆，超过 3.5 万家，其中的大都会艺术博物馆举世闻名，每年接待上千万游客。美国还是主题公园的鼻祖，全球盛名的迪士尼乐园和环球影城在多个国家落地，据统计，2016 年迪

［**作者简介**］刘祥艳（1985—），女，山东临沂人，博士，中国旅游研究院助理研究员，研究方向为国际旅游经济，E-mail：natalie_1221@163.com。张天力（1996—），女，山西太原人，北京联合大学硕士研究生，研究方向为旅游服务，E-mail：517946626@qq.com。

士尼旗下的各类乐园在全球的游客接待量近 1.4 亿人次。

旅行服务、住宿和交通是旅游业的三大支柱产业。美国旅行服务业拥有发达的分销渠道和行业组织。根据美国劳工部的统计，2016 年，美国有各类旅行社 8.2 万家，是中国旅行社数量（3.2 万家）的 2.5 倍。美国的在线旅游业非常发达，其渗透率全球最高，超过 50%，远高于中国（不足 20%），拥有全球最大的在线旅行代理商（OTA）Expedia，还有 priceline、booking 等占有全球较高市场份额的 OTA，以及全球最大的 UGC 在线旅游社区 TripAdvisor。此外，美国还拥有全球最大的旅行服务商协会组织——美国旅行社协会（ASTA），其会员分布在全球 140 多个国家。

美国住宿业在 20 世纪 50 年代开始走上规模化、标准化和集团化的发展道路，并引领全球住宿业的服务标准和产品创新。根据美国饭店业协会 AH&LA（American Hotel & Lodging Association）公布的数据，美国共有各类住宿设施 5 万多家。著名住宿业杂志《酒店》的全球连锁酒店集团排名显示，2018 年，虽然受到来自中国等其他国家的酒店竞争，美国依然有 4 家连锁酒店集团进入前十榜单。不同于中国酒店品牌集中在中端和经济型酒店，万豪、希尔顿、温德姆等美国品牌酒店集团始终是全球高端酒店市场的领军者。

美国民航业也已较为成熟，自 1978 年开始放松管制以来，随着市场竞争机制充分发挥作用，美国民航企业经过一轮又一轮的竞争、兼并、联合、重组，民航体量越来越大。根据国际航空运输协会（IATA）的数据，2017 年美国的航空客运量为 8.4 亿人次，占全球市场份额的比重超过 20%，位居全球第一，是排名在第二位的中国的 1.5 倍。

除了良好的旅游资源禀赋和稳固的产业发展基础，美国旅游产业的发展还得益于较成熟的政府管理体制。相比当前的中国，美国政府主管部门更加重视旅游服务出口。起初，美国旅游业发展的主管部门是美国旅游管理局（United States Travel and Tourism Administration），1996 年美国政府将其关闭，部分职能划归为国际贸易管理局（International Trade Administration），同时设立当前隶属于美国商务部的国家旅行和旅游办公室（NTTO，National Travel and Tourism Office）作为新的旅游主管部门。国际贸易管理局致力于促进非农业部门的服务和货物出口，而旅游服务出口也被归于其中，这种旅游行政管理模式直接表明美国对旅游服务出口的重视。与此同时，国际旅游办公室除了旅游政策规划和统计的职能，还明确了其向旅游企业提供旅游服务出口技术援助的职能，以提高美国国际游客接待量，促进美国旅游服务出口。除此之外，许多其他的政府机构也在促进旅游服务出口中发挥着积极作用。如美国国务院负责颁发护照，海关负责监测国际旅行，国家海运委员会负责船只管理等。最后，美国拥有多个国际权威行业协会，除了上文提到的美国旅行社协会（ASTA），还有美国旅游协会（TIA）、国际娱乐园与旅游景区协会（IAAPA）、美国酒店与汽车旅馆业协会（AH&MA）等，它们直接服务于旅游企业，在协调有关部门及各行业关系上发挥着重要作用，着重在企业层面发力，提升国际游客接待服务的水准，增加国际游客花费，从而促进旅游服务贸易出口。

## 二、中国和美国均为旅游服务贸易大国

中国旅游服务贸易出口增长缓慢。根据文化和旅游部数据中心的统计，2018 年，中国共接待入境游客 1.41 亿人次，同比增长 1.2%。其中，过夜旅游人数 6290 万人次，同比增长 3.6%。2017 年，根据世界旅游组织（UNWTO）的排名，中国入境旅游接待人次位居全球第四（2017 年），仅次于位居第三的美国。根据国家外汇管理局的国际收支平衡表，中国旅游服务出口额只有 395 亿美元，但这一计算并没有考虑大量持内地银行卡的中国港澳高频游客在内地的花费，超 2000 万搭乘我国航空公司航班入境游客的机票支出，以及补充抽样调查时遗漏的停留 3 个月至 1 年的游客花费，补充这些入境游客花费后，文化和旅游部数据中心重新估算 2018 年的旅游服务贸易出口额，为 1271 亿美元，同比增长 3.0%。

中国旅游服务进口保持高速增长。中国自 2012 年以来持续为全球第一大国际旅游客源市场，且近 20 年来持续保持高速增长。2018 年，中国出境旅游人数达到 1.49 亿人次，首次超过入境游客。根据国家外汇管理局的统计，2018 年，中国旅游服务进口额高达 2768 亿美元。这其中，外管局将所有中国属地银行卡在外刷卡金额、相关外汇申报金额合计乘以 0.6（假定我国旅行者境外花费的 40% 为现金支付）作为我国旅游服务贸易支出，这使得在境外求学、医疗、务工、海外置业、境外金融理财等群体，并且停留时间超过 1 年的旅客的所有类型花费全部被计入其中，旅游服务贸易支出被显著放大。文化和旅游部数据中心在扣减国人海外留学、就医、务工、置业和金融投资等非旅游花费后，结合出境旅游抽样调查数据，测算得出 2018 年旅游服务贸易进口额为 1308 亿美元，同比增长达 13.5%。

中国旅游服务贸易逆差当前，中国出境旅游处于高速发展期，是全球旅游服务贸易的进口大国，2018 年中国旅游服务贸易开始了真正意义上的逆差，根据文化和旅游部数据中心的测算，中国旅游贸易进口已经超过出口额，而按照国际收支平衡表的数据，中国自 2012 年便是全球第一大旅游服务进口国。2018 年，中国旅游服务进口额远远超过了排在第二位的美国，中国作为全球第一大旅游服务进口国，是泰国、日本、澳大利亚等国的第一大客源市场，为全球旅游经济，尤其是 2008 年金融危机后的快速恢复及平稳增长做出了突出贡献。

美国是全球第一大旅游服务出口国。根据美国旅行和旅游办公室的数据，2018 年，美国共接待国际游客 7962 万人次，同比增长 3.5%，占全球国际旅游接待人数总量的 5.8%。同年，旅行与旅游相关服务出口总额 2561 亿美元（+1.8%），位居全球第一，扣除交通费用的旅游出口总额占全球的比重达 15.7%。这一比重是国际旅游接待人数市场份额的 4.5 倍，足以表明国际游客在美花费水平远远高出全球平均水平。对于海外（不包括加拿大和墨西哥）游客而言，单次赴美旅行人均花费为 2682 美元，平均在美停留时间长达 17.5 晚。较高的人均旅行花费和较长的停留时间直接表明美国对国际游客具有较强的吸引力。

美国也是旅游服务进口大国，位居全球第二。根据美国旅行与旅游办公室的数据（表 1），2018 年，美国出境旅游共 9304 万人次，同比增长 6.3%。同年，美国旅游相关服务进口额 1865 亿美元，同比增长 7.8%。与旅游服务出口相比，虽然美国出境旅游人数大于入境旅游人数，但美国旅游服务出口依然远远高于旅游服务进口额，旅游服务贸易顺差总额为 696 万美元，但旅游服务贸易顺差总额近三年出现连续下滑。

**表 1　2018 年中国和美国旅游服务进出口额及竞争力指数**

| | 入境人数（万人次） | 出境人次（万） | 旅游服务出口（亿美元） | 旅游服务进口（亿美元） | 旅游服务净出口额（亿美元） | 旅游服务贸易竞争力指数TC |
|---|---|---|---|---|---|---|
| 中国 | 14120 | 14972 | 1271（395） | 1308（2768） | −37（−2737） | −0.01（−0.75） |
| 美国 | 7962 | 9304 | 2561 | 1865 | 696 | 0.16 |

数据来源：文化和旅游部数据中心、国家外汇管理局和美国旅行和旅游办公室。
注：括号内数据为国家外汇管理局国际收支平衡表显示的数据。

从国际旅游规模来看，中国出入境旅游人数的绝对数均超过美国，但旅游服务进出口额均低于美国，尤其是旅游服务出口总额，中国旅游服务出口额不足美国的一半，而如果按照外管局公布的数据，中国旅游服务出口额不足美国的六分之一。

从旅游服务贸易竞争力来看，美国旅游服务贸易明显具有更强的国际竞争力。服务贸易竞争力通常可以通过市场份额和竞争力指数来衡量。其中，市场份额是指一国旅游服务出口占全球旅游服务出口的比重。美国旅游服务出口全球第一，其市场份额远高于中国的市场份额。贸易竞争力指数（TC，Trade Competitiveness）是某经济体产品净出口额占其进出口总额的比重，也是衡量某经济体产品国际竞争力的重要指标。该指数可以剔除物价水平、经济体大小等因素的影响，使得不同经济体之间的贸易竞争力指数具有横向可比性[2-4]。基于中美两国公布的旅游统计数据，美国的旅游服务贸易竞争力指数为正，而中国的旅游服务贸易竞争力指数为负，美国旅游服务贸易显然更具国际竞争力。

## 三、中美两国旅游互为重要的旅游服务贸易伙伴

2007 年，中美双方共同发起并建立了中美旅游高层对话机制，为两国搭建了重要的交流平台。2007 年 12 月 6 日，中美签署《旅游合作谅解备忘录》，随后的 2008—2012 年，我国陆续放开各个省、市、自治区的公民赴美国的 ADS 团队旅游。特别是近年来双方互发 10 年有效多次往返签证、中美双方直航新航线开通，2016 年的中美旅游年等为两国游客互访创造了极为有利的条件。

中美互为重要的客源市场。根据文化和旅游部数据中心的数据，2018 年，美国赴华旅游人数 248 万人次，美国是中国第五大外国客源市场（不包括中国香港、澳门和台湾），第一大远程客源市场，占中国外国入境旅游市场的 8.1%。如果按照过夜旅游人次

的统计数据，美国则是第四大外国客源市场。与此同时，中国也是美国重要的客源市场，根据美国旅行与旅游办公室的数据，2018 年，中国赴美旅游人数 299 万人次，是美国的第三大海外客源市场（不包括加拿大和墨西哥），占美国海外客源市场的 7.5%。

从历史数据来看（图 1），过去 20 年里，美国赴华旅游呈稳步增长态势，年均增速 6.6%。同期，中国赴美旅游呈高速增长，中国赴美旅游人数从 1999 年的不足 20 万人次增长到 2018 年的近 300 万人次，年均增速高达 15.6%。2014 年之后，中国赴美旅游人数持续超过美国赴华旅游人数，但 2018 年，由于中美贸易战的影响，加上美国签证政策收紧等因素，中国赴美旅游人数出现较明显的下滑，同比下降 5.7%。

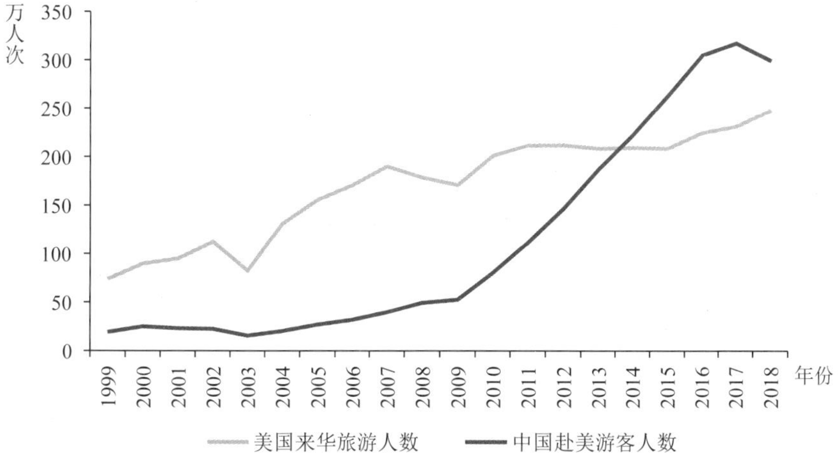


**图 1　1999—2018 年中美旅游互访数据**

数据来源：文化和旅游部数据中心和美国旅行和旅游办公室。

中国在中美旅游贸易中处于逆差地位，且逆差额较大（表 2）。根据文化和旅游部的入境游客抽样调查数据，2017 年，美国游客在华人均每天花费 282 美元，人均停留天数为 11.3 天，同年有 230.9 万赴华美国游客，基于以上数据可以估算出，2017 年，美国在华旅游总花费 73.6 亿美元，即中国对美国旅游服务出口额为 73.6 亿美元。同样可以估算出，2016 年和 2015 年中国对美国旅游服务贸易出口额分别为 84.7 亿美元和 65.1 亿美元，均不足百亿美元。

**表 2　中美旅游服务贸易额及市场份额**

| | 出口额（亿美元） | 占各自旅游服务出口的比重（%） |
|---|---|---|
| 中国对美旅游服务出口 | ＜ 100 | 约 6 |
| 美国对华旅游服务出口 | ＞ 300 | 约 15 |

数据来源：文化和旅游部数据中心和美国旅行和旅游办公室。

而根据美国旅行和旅游办公室的统计，美国对华旅游服务贸易出口额在 2015 年突破

300 亿美元，到 2018 年达到 363 亿美元。中美旅游服务贸易中，中国处于逆差地位，且逆差额在 200 亿美元以上。当然，这一巨大旅游服务贸易逆差额部分来自中美不同的计算口径，中国对美旅游服务出口的计算口径相对更窄。值得注意的是，2017 年，美国赴华游客人数虽然保持正增长（+2.7%），但中国对美国服务贸易出口额却出现较大幅度下滑（-13.1%）；相比之下，2018 年，在中国赴美旅游人数有所下降（-5.7%）的情况下，美国对华旅游服务贸易出口依然保持正增长（+3%），足以说明中国赴美游客人均花费远高于美国游客在华人均花费，美国在中美旅游服务贸易中处于优势地位。

## 四、中美旅游服务贸易展望及建议

受中美贸易战等因素的影响，中美旅游交往规模短期内或将继续下滑。一方面，中国赴美旅游规模将继续下降。2018 年中国赴美旅游人数出现罕见的下降。根据美国旅行和旅游办公室的调查，2018 年，超过四成的中国赴美游客以商务 / 会议为目的，这部分游客将直接受到中美贸易战的负面影响。2019 年 6 月 4 日，外交部发布赴美安全提醒，文化和旅游部发布赴美旅游安全提醒。官方公开发布的安全提醒将一定程度上影响中国游客赴美旅游，尤其是更加关注安全问题的观光休闲游客，由此可以预计 2019 年中国赴美旅游人数规模将进一步下降。另一方面，美国来华旅游人数在未来几年里可能出现下滑。2018 年，美国来华游客人数规模虽然没有出现下滑，这可能是由于接近一半（47%）的来华美国游客以观光及休闲度假为目的，对于来中国的远程旅行，他们往往提前半年或者一年就已经规划及预定好行程，但在未来几年，如果中美关系没有改善，他们可能转向选择周边旅游目的地。另外，超过三分之一的事务性游客（以商务、会议、人文科技交流为目的）在未来将更加直接地受到中美贸易战的影响而出现下降。总体而言，由于中国赴美旅游中事务性游客占比（约 45%）高于美国来华事务性游客占比（35%），相对于美国对华旅游，中国赴美旅游整体上更容易先受到中美贸易战的影响。

与此同时，中美旅游服务贸易规模同样面临下降的压力。虽然 2018 年美国对华旅游服务贸易出口额没有出现下降，但相比之前两位数字的增长，美国对华旅游服务贸易出口额增幅有限。未来如果中美贸易战持续，其很可能由于花费更高的中国事务性游客（以商务、会议、留学及医疗为目的）到访人数的进一步下降而出现停滞甚至负增长。根据最新的数据，2017 年，中国对美国服务贸易出口出现较大幅度下滑，这更多地受中国旅游价格上涨，周边日、韩及东南亚等目的地的激烈竞争以及旅游产品创新不足等因素的影响，已有数据并不能反映中美贸易战的影响。但这一影响很可能在 2018 年以及 2019 年的调查数据中得到印证。

但从长期来看，中美两国人民旅游交往的基础比较稳固，中美两国人民互访的需求有一定的刚性。除了观光休闲游客及事务性游客外，中美之间还有较大规模的以探亲访友为目的的游客，超过两成的赴美中国游客以及超过一成的来华美国游客以探亲访友为旅游目的，这一总旅游人数每年超过 80 万人次，占中美双向交流的 15%。

促进中美旅游服务贸易符合两国人民交往的长期利益。相比政要、专业技术人员、留学生等形式的民众交往，旅游交往以其规模大、频率高、门槛低、涉及人员面广等特点具有难以比拟的优势，为两国政治、经济往来提供广泛的民众基础。旅游作为中美人民之间交往的重要媒介，可充当两国政治、经济摩擦的润滑剂。中美两国人民通过旅游来实地体验彼此的政治、经济及文化异同，可以增强两国民众之间的理解与包容。当前，在已有条件下，还要尽可能促进中美两国之间以旅游为渠道的人民交往，促进旅游服务贸易。未来进一步促进中美旅游服务贸易，中美双方还需进一步加强合作，增进共识。

首先，要认识到中美旅游交往有助于增强两国政治互信。中美密切的旅游交往合作促使双方积极收集和研究彼此的法律、政策、规划，在一定程度上增进对彼此政治制度的了解，为理性、善意地看待彼此的相关战略、政策创造了条件。中美互为重要的客源地和目的地，两国旅游交往、旅游服务贸易的持续、顺利开展离不开两国多个部门的综合协调，这不仅包括旅游管理部门，还涉及两国出入境管理、航空交通、金融保险、安全和海事救援等部门。2016 年中美旅游年以来，中美政府及行业协会组织等各个部门之间打交道的机会越来越多，共同维护旅游市场秩序，协调处理旅游纠纷，保障游客旅游安全等领域可成为中美两国深化政治互信的重要接口。

其次，优化彼此的组团旅游市场环境。中美彼此互为重要的远程客源市场，跟团游的比例相对较高，尤其对中国赴美游客而言，根据途牛的数据，跟团比例高达八成。在这种情境下，组团市场环境尤为重要。在 2013 年中国颁布《旅游法》以来，中国旅游监管部门严厉打击各种低价旅游团，伴随中国出境游客对旅游品质的追求，尤其对消费水平普遍较高的赴美组团市场而言，“零负团费”的问题得到较好的控制。但反过来，美国组团市场上依然存在明显的“零负团费”问题，受低价团的扰乱，市场价格被拉低，加之旅行社不得不通过“购物 + 加点”的方式来弥补成本，美国跟团游客在华的旅游服务品质得不到保障。要提升美国游客在华的旅游体验品质，中国监管部门应积极主动与美国的旅游行业协会密切合作，共同打击低价团组团社，改善彼此的组团市场环境。

再次，继续推进中美旅游企业在资本、人才等方面的合作。中国旅游服务贸易的可持续发展，根本上取决于双方企业之间的贸易往来。中美双方应本着合作互赢的基本理念，继续推进旅游领域的彼此开放，允许对方旅游企业在本国独资开展旅行服务业务，并允许其经营出境旅游业务，直接从事对方国家公民赴本国的旅行服务[5]。建立人才共享机制，承认彼此认证的导游资质，允许对方的旅游专业人员在本国合法地从事本国人民的旅游接待服务工作。

最后，重视游客安全问题，始终将游客安全放在第一位。旅游目的地的整体安全环境无疑是游客是否愿意前往的重要考量因素。中国作为一个礼仪之邦向来对外国游客热情相助，非常重视外事游客在华的安全问题。但近来美国的枪击问题较为突出，对外国游客构成潜在人身安全隐患。据统计，2019 年 1—8 月，美国发生近 3.4 万起枪击案，几乎遍及全美。包括法国、新西兰、德国、中国等在内的许多国家，因为美国枪支暴力频发而发布赴美旅行警告。2019 年 6 月，中国外交部发布赴美安全提醒，中国文化和旅游部发布赴美旅游安全提醒。美国方面需要对此采取必要预警措施，为到访游客营造安全的旅游环境。

**参考文献：**


［1］邓银颖.19世纪末20世纪初美国旅游业的兴起［D］.长春：东北师范大学，2012.

［2］耿献辉，张武超.我国旅游服务贸易国际竞争力及其影响因素分析［J］.价格月刊，2018（10）：39–46.

［3］熊珍琴，汤金丽，洪秀丽.中美两国旅游服务贸易国际竞争力比较研究［J］.亚太经济，2019（5）：85–93，151.

［4］康文珂.中美旅游服务贸易国际竞争力比较研究［J］.合作经济与科技，2018（1）：39–41.

［5］晁文琦，胡婧玮，王晓云.中美旅游服务产业内贸易的影响因素研究——基于灰色关联分析［J］.经济问题，2018（11）：74–79.

# 旅游开发促进民族文化保护与重构
## ——基于文化自觉的分析视角

翟慧敏

（中国旅游研究院，北京 100005）

**摘　要：**旅游开发与民族文化保护并非水火不容。相反，旅游开发可以唤醒民族文化自觉，给民族文化提供一个保护和发展的契机。我国西南民族地区的案例表明，旅游开发有助于民族文化的自我认知和重构，实现民族文化的保护传承和发展。值得警惕的是，不科学的旅游开发对民族文化的负面影响。

**关键词：**旅游开发；文化自觉；文化重构

## 一、前言

目前在学界，尤其是在一些研究民族文化的学者中，普遍存在这样一种观点：随着民族地区旅游开发带来市场经济的介入，民族文化将会在适应市场经济的过程中，主动或被迫修改自身传统固有的文化景观，导致一些标志性的文化元素扭曲变形，甚至消亡殆尽。出于保护民族文化的考虑，他们将旅游视作洪水猛兽，认定旅游是破坏民族文化的罪魁祸首，认为民族地区应该抵制旅游开发以保护自身文化。

应该说，这些文化学者的出发点是好的，但是他们视旅游开发与文化保护为水火不容，认为发展旅游就必然会破坏民族文化，非得二选一不可，如此想法和做法无异于因噎废食。比如水果刀具有金属片坚韧锋利的属性，可以是切水果的工具也可以成为伤人的凶器，难道我们因为后者而抵制使用水果刀吗？对此，我们要学会全面看待，做出正确选择。因此，笔者认为，将二者对立起来大可不必。旅游本身是一把双刃剑，我们既要警惕盲目开发对文化的消极影响，更应该看到科学开发对文化保护和发展的促进作用。

不可否认，经济属性、市场属性是旅游天然固有的，民族文化资源的商品化有可能带来民族文化危机，但是从发生学的角度来讲，旅游的文化属性也是与生俱来的，独特的民族文化资源本身就是核心的旅游资源。所以，民族旅游经济要想实现可持续发展，就必须保护和发展民族文化，在学理上这是讲得通的。在实践中，不少民族地区的旅游开发也确实促进了民族文化的保护和发展。可见，在旅游开发和民族文化保护之间，不是一道单选题，实现两者的辩证统一才是正解。与其单向地思考选择哪个，不如转换思

---

［作者简介］翟慧敏（1981—），男，河北石家庄人，法学博士，中国旅游研究院博士后。研究方向：文化和旅游融合发展、民族文化旅游、生态民族学；E-mail：zhaihuim@126.com。

维，探究两者的融通之处。

笔者认为，旅游开发可以唤醒民族文化自觉。通过文化自觉，民族文化能够得到保护和发展。以下围绕这一点，不揣冒昧，谈一点浅见，不妥之处望海内外诸贤达斧正。

## 二、文化自觉及其实现路径

何为文化自觉？“文化自觉”是费孝通先生在20世纪90年代提出的一个概念。他在谈到全球化大势中的多元文化问题时说：“文化自觉是指生活在一定文化中的人对其文化有‘自知之明’，明白它的来历，形成过程，所具有的特色和它发展的趋向，不带任何‘文化复归’的意思。不是要‘复归’，同时也不主张‘全盘西化’或‘全盘他化’。自知之明是为了加强文化转型的自主能力，取得决定适应新环境、新时代文化选择的自主地位。”[1]

从文化自觉的概念不难发现，文化自觉至少包含两层意思：一方面，一个民族要认识自身文化的来源、特色、发展历程和发展趋向，并保持自身文化不被同化；另一方面，民族文化要顺应时代发展，民族成员要自主地、理性地做出文化选择，促进本民族文化的时代转型。笔者认为，这两个方面其实是文化自觉的两个阶段。前者强调“自知”，是民族成员认识自身文化的阶段，目的是实现对文化的保护和传承；后者强调“重构”，是民族文化的转型阶段，目的是发展民族文化。可以说，前者是后者的前提和基础，后者是前者的目标和归宿。

然而，实现文化自觉不是一蹴而就的，需要一个过程。这个过程必须有外部因素的刺激，引导民族文化去“自觉”。换言之，民族及其民族文化必须与外界保持接触，通过比较性差异确定自我的存在。一个少数民族群体只有在与异质文化的比较中，才能意识到自身文化的独特性，才能形成“我的民族”“我的文化”“我的地方”与“其他民族”“其他文化”“其他地方”这样一些认同概念[2]，这是文化自觉的开始。通过比较，这些民族还可以在这个多元的文化世界中找到自己的位置，认识自己的价值，看到自己的独特性，从而产生保护本民族文化的强大的内生动力。与此同时，在文化比较中，他们又认识到自身文化的不足，以及一部分文化已经不适应现代社会的发展。一些民族成员开始反思自己的文化，并结合自身传统文化学习他者文化的精髓，开展文化重构，以适应现代社会的发展和自身生存与发展的需要。

## 三、旅游开发促进民族文化自知

近年来，随着国民生活水平的提高，外出旅游已经成为一般民众的普遍需求。充满异域风情的民族地区，已经成为广大旅游者理想的旅游目的地。民族地区的旅游开发不仅给民族地区带来了经济收益，更给当地文化提供了与外来文化广泛接触的机会，有效促进了民族的文化自觉。在与旅游者接触的过程中，民族地区的乡民意识到，自身独特的民族文化才是最为重要的旅游资源，获得经济效益与文化保护互为一体。他们开始主动认识自身文化的来源和特色，有意识地保护自己的文化。

### （一）西江千家苗寨的旅游开发与文化自醒

贵州省雷山县西江千家苗寨是一个苗族社区，有学者认为该苗寨是中国最大的苗族部落。20 世纪 80 年代以来，西江当地的年轻人出门打工成为热潮。村寨的年轻人离乡打工，为家乡增加了经济收入，但是由此而引发传统苗族文化和民族工艺后继无人的现象，一些非物质文化濒临灭绝。20 世纪 90 年代，慕名到西江的零散旅游者越来越多，人们都想见识一下中国最大的苗族村寨的真面目。在西江传统的集市上，经常可以见到国内外游客的身影，他们喜欢购买苗人的小银饰、绣片、衣服、木梳等产品。遇到苗族节日，旅游者喜欢到村寨听苗族飞歌、跳芦笙等。90 年代末，西江的民族旅游业持续升温。2000 年，西江被列为贵州省 13 个重点保护与开发的民族村寨。在发展旅游经济的过程中，政府和当地苗族乡民逐渐形成共识：民族文化资源可以在市场经济中大有作为，保护和传承好西江苗族传统文化。今天，大量外出务工的年轻人返乡创业，在家乡搞民族村寨旅游。在此情况下，苗族传统建筑得以复建，苗族刺绣技艺得以传承，一批“绣娘”应运而生；学校和村寨更加重视对民族传统文化的教育，苗族小学生开始学唱苗族歌曲、学吹芦笙等传统技艺。西江千家苗寨还带动了周边苗寨、侗寨旅游业的发展和民族文化保护。

### （二）青藏高原东缘藏区旅游开发与文化回归

四川大学旅游学院杨振之教授团队对青藏高原东缘藏区旅游地社区的旅游开发现状进行了详细的调查。调查范围包括四川省的阿坝藏族羌族自治州、甘孜藏族自治州、云南省的迪庆藏族自治州，涉及九寨沟、黄龙、川主寺、松潘古城、康定及云南的香格里拉景区等多个景区和城镇。调查结果表明，发展旅游经济能唤醒民族文化意识，振兴民族文化。在旅游业发展初期，由于当地居民对外来游客和外来文化的好奇，他们开始在各方面模仿和学习外来文化，甚至对自己的文化和风俗习惯产生怀疑和否定。但随着旅游业的深入发展，当地居民意识到，他们自己本民族的文化和风俗习惯才是最宝贵的，是对外地游客产生吸引力的资源，是旅游业得以发展的根本。在此时，当地居民开始了自觉的文化回归，原来被破坏了的民居建筑得以恢复，甚至早已失传的民族制作工艺和各种文化表达方式纷纷被挖掘出来，旅游业还促进了民族传统文化的保留。这是游客参与旅游地社区的文化创造的结果，游客参与创造，唤醒了社区居民的民族文化意识；旅游者深入社区，甚至生活在社区，与东道主居民进行真正的交流，反而会促使旅游地社区居民对自身文化的“自醒”，诱发社区居民对自身文化价值的认定，通过旅游经济发展，为民族文化振兴带来了机遇，促使社区居民对自身民族文化的“自觉”[3]。

目前，随着全域旅游和文旅融合的逐步推进，民族文化显得愈加弥足珍贵。大量实践证明，民族文化并未因为旅游开发和主流文化的进入而失去自身特色。相反，在这一过程中，民族文化更加凸显了其异质性，彰显了其文化价值，民族成员文化保护的意识也随之增强。在文化自知的过程中，当地民族开始了对民族文化的重构。

## 四、旅游开发促进民族文化重构

文化的重构是文化自觉的第二个阶段。文化重构，顾名思义就是对文化进行重新构建，对已有文化进行再加工、再创造、再生产[4]。这里的文化再生产不是对原有文化完全否定，生产出全新的文化，而是在保留原有传统文化核心的基础上，通过借鉴和吸收其他民族的文化，对自身文化进行重组整合以适应外部环境的变化。这种文化适应性更替就是文化重构。民族文化在与外来文化的互动中，所做出的有选择性的创新与组合就是民族文化重构。

变迁是文化发展的常态，没有一种文化是一成不变的，文化变迁的过程同时也是文化重构的过程。尤其在全球化的背景下，面对多元文化的互动下外部环境的巨变，文化变迁的速率飞速加快，一种文化一旦僵化便失去了活力。对此只有做出相应的调试，一种文化才能生存和发展下去。布迪厄指出，文化通过再生产的方式维持着自身平衡，并与外界保持积极的互动[5]。长期以来，各少数民族群众都生活在相对稳定和封闭的空间，与外界文化沟通交流较少，文化变迁的速度缓慢。20 多年来，旅游开发加速了民族文化变迁的速度，民族文化必须做出创新和重构以适应现代环境，这也是民族文化的时代转型与再生产。

北川是我国唯一的羌族自治县，民族文化资源十分丰富，20 世纪 80 年代以前，北川羌族并没有民族认同和文化认同的观念。80 年代中后期旅游开发之后，羌族传统文化成为重要的旅游吸引物，大批游客前往北川旅游，人们意识到羌族文化的独特魅力，开始有意识地保护和挖掘当地传统文化。进入 21 世纪后，随着旅游开发的深入，当地羌族民众发现原来传统的文化已经不能满足游客的需要，部分传统文化不再适应社会的发展，便开始对传统羌文化进行重构。他们在传统羌文化中植入现代文化元素，形成同时能满足游客需求和羌族人民生活需要的新文化，实现了羌文化的创新发展。

羌族服饰文化的重构。旅游深入开发前，传统羌服因手工制作工序复杂，耗时长，穿起来从事劳动生产不便，无法规模制作，制作技术濒临失传。旅游开发后，为满足游客的需求，羌族人又重新开始制作羌服，并开始使用机器生产。同时，现代的羌族服饰加入了一些流行的时尚元素：图案也不再限于花草虫鱼、瓜果粮食等动植物，增添了祝福文字、人文景观等；色彩更加艳丽丰富，不仅仅是传统意义上的红、绿、蓝；从种类来看也不单单是服饰、背包等，羌绣被用作钟表框、相框、抱枕、桌垫、钱包等物品的装饰。现在，重构的羌绣在旅游开发中成为重要吸引物，也使得原本濒临消失的传统技艺得到活态传承。

羌族舞蹈文化的重构。“莎朗”原是羌族妇女在劳作之余，放松心情跳的舞蹈，舞蹈中包含多种劳作时的体态。旅游深入开发前，这种舞蹈曾一度濒临失传。旅游者进入羌寨之后，希望观看和体味羌族歌舞，但“莎朗”动作烦琐，游客难以观赏体验，民众学起来也很困难。在这种情况下，县政府和当地羌族舞者在传统“莎朗”中加入现代流行元素，进行重新编排，并做成光碟免费发放给民众让他们学习。重新构建的“莎朗”简单易学，又富含羌族特色文化元素，深得游客和当地民众的喜爱。如今，“莎朗”经常出现在北川地区的各种庆典宴会、重要节日中，不仅是旅游展演活动中重要的节目，也是当地民众日常休闲的娱乐活动。

此外，在北川旅游深入开发的过程中，当地羌族民众对传统建筑碉楼，传统节日牛王会、羌历年、大禹文化节等，都进行了相应的文化重构[6]。总的看来，羌族的文化重构，一方面使北川地区的旅游经济得到发展，另一方面也使羌族文化得到了保护和可持续发展，或可成为其他民族地区可资借鉴的范例。

## 五、结语

旅游全球化已是不争的事实，这种时代的浪潮无法阻挡。作为低碳无烟的旅游业，在生态文明建设的背景下，必然是民族地区发展经济的首选。在这样的时代背景下，民族文化被资源化、商品化不可避免。从文化本身来说，变迁也是文化发展的常态。因此，如果换一种思考角度来看待这种现象，就会发现，旅游开发给民族文化的保护和发展提供了一个契机。我们要做的不是抵制旅游开发，而是要最大限度地减少旅游开发对民族文化的负面影响，即避免民族文化被旅游者带来的文化同化，在保留民族文化的特色的基础上吸收借鉴异文化的精髓，促成民族文化的时代转型。笔者认为，要最大限度减少旅游开发对民族文化的负面影响，以下两点尤为重要，即在民族文化重构过程中，一要尊重民族成员的意愿，因为他们是文化的执行者和享用者；二要让民族成员选出他们的标志性文化（即那些具有象征与符号意义的、能够代表民族传统的文化符号）作为文化重构的基础，因为这些文化要素彰显了文化的异质性。

**参考文献：**

[1] 费孝通.文化与文化自觉[M].北京：群言出版社，2010.
[2] 戴庆中，等.边界漂移的乡土[M].北京：中国社会科学出版社，2008.
[3] 杨振之.前台、帷幕、后台——民族文化保护与旅游开发的新模式探索[J].民族研究，2006（2）.
[4] 陈艳美.论现代化语境中西部地区民族传统文化的重构[J].曲靖师范学院学报，2005（1）.
[5] [法] P.布迪厄，J.-C.帕斯隆.再生产：一种教育系统理论的要点[M].刑克超，译.北京：商务印书馆，2002.
[6] 王生鹏，钟晓焘.全域旅游背景下民族文化重构与保护——以北川羌族自治县为例[J].西北民族大学学报（哲学社会科学版），2018（4）.

# 《中国旅游评论》征稿启事

《中国旅游评论》是中国旅游研究院主办的按季度连续出版物，由戴斌院长担任主编。注重理论和实践相结合，倡导根植实践的经验总结、问题探索和理论提炼，欢迎有思想、有温度、有品质的文章，在遵循学术规范的前提下无须八股。

1. 常设栏目

旅游大讲堂、旅游人茶座、旅游市场、旅游产业、旅游规划、旅游治理、国际旅游、旅游基础理论等。另根据需要设主题栏目。

2. 收录情况

《中国旅游评论》是中国人民大学书报资料中心重要转载来源，入选 CNKI 中国期刊全文数据库。

3. 稿件审阅

所有来稿须经过论文相似度检测。编辑部对稿件实行双向匿名审稿制度，3 个月内完成审稿。拟录用文章将通过电子邮件回复作者。请勿一稿多投。

4. 著作权授权声明

凡经《中国旅游评论》刊录的论文，其数字化复制权、发行权、汇编权及信息网络传播权将转让予《中国旅游评论》编辑部。

5. 文责自负

本刊所发表的文章不代表编辑部观点，若发表的论文引起著作权纠纷，由作者自行负责，本刊不负任何连带责任。

6. 刊物邮寄

稿件刊出后，编辑部将于当月月底或次月初以快递形式向作者邮寄样刊两本。

7. 版面费和稿费

本刊不收取版面费，也不向作者发放稿费。

8. 格式规范

（1）文章篇幅一般为 6000~12000 字（重要论文篇幅可放宽），“旅游人茶座”栏目文章篇幅为 2500~4000 字。

（2）稿件内容包括：文章标题、作者署名、单位信息（单位，省份城市邮编）、中文摘要（300 字左右）、关键词（3~5 个）、正文、参考文献、作者简介。“旅游学人茶座”栏目文章可省略中文摘要和关键词。

（3）作者简介包括姓名、性别、籍贯、工作单位、职称、学位、研究方向、通信地址、邮政编码、联系电话、电子邮箱。

多个作者之间用分号隔开，同一作者的介绍之中不出现句号。

如有通讯作者，请标明。

（4）文内标题按一、（一）、1、（1）分级编写序号。表、图应随文插入，且在文中注明如表1（图1）所示。表题居中位于表的上方，图题居中位于图的下方。如果图表中引用了其他文献的数据资料，应注明详细的资料来源。

（5）注释、引文和参考文献，应提供齐全的著录项：

著作类：作者（译者）姓名、书名、出版地、出版社名称、出版年份、页码（直接引文时标明）。

论文类：作者姓名、文章名、所载报刊名称、年份、期号、页码。

注释采用脚注方式，每页重新编号。脚注中如涉及公开发表的文献（包括电子文献）应作为参考文献在文后出现，不宜采取脚注方式。

参考文献格式参照中华人民共和国国家标准GB/T 7714—2015《信息与文献文后参考文献著录规则》进行修改。参考文献标注方式允许采用角标方式或夹注方式，两种标注方法任选其一，不要混用。推荐使用角标方式。

——角标方式

正文引文处用上角标标注，按在文中出现顺序排列。

★角标一般应放在标点符号之前，如[1]；多个文献可以用简单标注，如：[15-18]。

★多次引用同一文献时采用原标注。如：戴斌指出：……[1]。……戴斌指出：……[1]。

★如果多次引用同一文献而引用页码不一致，角标采用同一个标注，在文末参考文献中按出现顺序列出页码，两次引用的页码之间用分号隔开。

★参考文献按照方括号[1]/[2]/[3]……在文末排列，按照出现顺序排序

——夹注方式

正文引文处用括弧夹注，文尾参考文献按字母顺序排列。

★如果引用同一作者同一年份多个参考文献，用a，b，c等标注。

★正文夹注中涉及多个作者用逗号隔开。

★参考文献按照方括号[1]/[2]/[3]……在文末排列，按照文献作者姓氏拼音排序。

（6）文章（包括正文、图、表、注释）中出现的英文（包括名词、作者姓名、其他）请翻译成中文，采用中英文对照形式，英文放在括号当中。如果只是在括弧中出现，可以不翻译成中文。

在文后参考文献中，英文姓名的缩写不用加点，在正文、图、表、注释中出现的英文姓名的缩写要加点。

英文的期刊名、著作名用斜体。文章篇名不用斜体。

英文文献篇名统一为第一个字母大写，著作名和期刊的首字母也需大写。

9. 投稿方式

投稿邮箱：zglypl@126.com；联系电话：010–85166163；传真：010–85166055。